Johann Gottfried Gurlitt

Über die Gemmenkunde

zur Ankündigung einer Schulfeierlichkeit im Kloster Bergen am 29 März

um 2 Uhr und am 30 März um halb 2 Uhr

Johann Gottfried Gurlitt

Über die Gemmenkunde
zur Ankündigung einer Schulfeierlichkeit im Kloster Bergen am 29 März um 2 Uhr und am 30 März um halb 2 Uhr

ISBN/EAN: 9783743673656

Hergestellt in Europa, USA, Kanada, Australien, Japan

Cover: Foto ©ninafisch / pixelio.de

Weitere Bücher finden Sie auf **www.hansebooks.com**

Zur
Ankündigung einer Schulfeierlichkeit

im
Kloſter Bergen

am 29 März um 2 Uhr und am 30 März um halb 2 Uhr

von

J. Gurlitt

Profeſſor und Director der Schule zu Kloſter Bergen.

Magdeburg, bei Georg Chriſtian Keil. 1798.

Keine Art der Antiken hat fich in fo grofser Anzahl erhalten, als die *gefchnittenen Steine* Daher aus ihnen die gefammte Künftlerfabel des Altertums, d. h. die Gegenftände aus der Mythologie, der Religion und ihrer Gebräuche und Fefte, auch wol der Empfindungen und Phantafien, welche die alten Künftler in Kunftwerken gern darzuftellen pflegten, am beften und vollftändigften erlernt werden kann; befonders da die Steinfchneider fehr oft gröfsere Werke der Bildhauerkunft und Malkunft vor Augen hatten, welche fie in der Kopei auf ihren Gemmen ins Kleine arbeiteten. — Noch mehr: nichts ift der Ausbreitung des Studiums der Antike, befonders in Ländern und Gegenden, in welchen man der Anficht der grofsen Kunftwerke des Altertums, felbft in Kopeien, entbehren mufs, fo vortheilhaft gewefen, als die Abformung der gefchnittenen Steine, wodurch die Kopeien von denfelben fo leicht vervielfältigt und mithin die Ideen von Kunfterfindung und Kunftbehandlung fo mannichfaltig verbreitet wurden. Eine kurze Abhandlung über diefe Kunft befonders bei den Alten fcheint alfo in doppelter Rückficht für die ftudirende Iugend, für welche zunächft diefe Schrift beftimmt ift, vortheilhaft zu feyn. Sie mag in folgende Abfchnitte zerfallen: *in welche Edelfteine fchnitten die Alten vorzüglich?* — *Wie arbeiteten fie?* — *Kurze Gefchichte der Steinfchneidekunft.* — *Angabe einiger der vorzüglichften noch übrigen Steine.* — *Anzeige der beften und vollftändigften noch vorhandenen Sammlungen derfelben.* — *Arten der Abbildung und Abformung derfelben.* —

I. In welche Steine fchnitten die alten Griechifchen Künftler vorzüglich?

Sie fahen bei der Auswahl der Steine zum Grauiren befonders auf die Eigenfchaften, welche ihre Kunft begünftigten; alfo 1) in Steine, die wegen ihrer zu grofsen Härte der Bearbeitung zu fehr widerftanden und dabei auffprangen, fchnitten fie nicht fo gern und häufig; 2) hauptfächlich fahen fie auf die gröfsere oder geringere

A

Durch-

Durchsichtigkeit. Sie schätzten also in dieser Rücksicht besonders den Chalcedonier, den Opal, den weissen und rothen Jaspis, den orientalischen Topas (Chrysolith), den Rubin und Granat (Carbunculus), den Carneol, den Smaragd, den Beryll (bei den Neuern aqua marina,) den Sapphir und Amethyst, den Lazurstein. *) (lapis Lazuli, bei den Italienern blos lapis genannt), u. s. w. 3) Sahen sie auf die Schönheit und Mannichfaltigkeit der Farben im Steine. Mehrere Steinarten, besonders unter den Achaten, Onyxen und Jaspisen, haben nämlich verschiedenfarbige Adern und Flecke, ingleichen eine Rinde (crusta) oder mehrere verschiedenfarbige Rinden über einander (strata.) Dergleichen Steine wusten die Künstler so zu bearbeiten, dass sie die verschiedenen Adern und Farben zu verschiedenen Figuren oder zu den verschiedenen Theilen der Figuren benutzten. So konnte ein Achatsardonych bei einer Camée die schönste Malerei machen; die braune Ader gab Haar und Gewand, die lichte, das Fleisch, und die graue oder bläulichte, den Hintergrund, dass, so flach auch oft das Bild nach Beschaffenheit der Dicke der Adern gearbeitet werden musste, es dennoch wie ganz frei erschien. 4) Sahen sie auf die besondere Gröse oder Kleinheit des Steins; auf *jene*, weil grose Gemmen an sich kostbarer sind, und grösere Figuren und mehr Komposition derselben zulassen; auf *diese*, weil sie dabei ihre grose Kunstfertigkeit in einem kleinen Raume mehr ungemein kleine und doch wol ausgedrückte Figuren zu graviren zeigen konnten. **) Schon hieraus folgt zum Theil, dass sie nicht gerade am meisten die edelsten und teuersten Steine gravirten. Und hiezu kam noch, dass man bei den Alten die Gemmen mehr der Kunst wegen, als um der Masse willen schätzte. Ein glänzender, mit vielen Demanten besetzer Schmuck wäre den Alten sicherlich als abgeschmackt und lächerlich erschienen. Sie schnitten daher z. B. seltner in Rubin, häufiger in Smaragd, Hyazinth, Amethyst und Chalcedonier. Am häufigsten schnitten sie in Carneol, Achat, Jaspis, Onyx und Achatonyx. Den Achat und Achatonyx brauchten sie besonders gern zu erhobenen Arbeiten oder zu Cameen. Der Onyx wird nicht nur häufig

---

*) Bekmann Beiträge zur Geschichte der Erfindungen Bd. 3. St. 1. hält den Lazuriten oder Ultramarin für den Sapphir der Griechen, mit welchem er in den mehrsten Merkmalen übereinkommt. Nach Tychsen kommt der Name Lazuli vom Persischen Lazurdi d. i. blaue Farbe. Der Name Zaffera aber kommt offenbar von σαπφειρος her, und eben so auch Saflor.

**) So enthält z. B. ein sehr kleiner Stein in Lippert's Dactyl Tausend 1. Nro. 236. den Mythus von Entdeckung der Umarmungen des Mars und der Venus durch den Gatten dieser aus Homers Odyssee.

häufig in befonderer Güte angetroffen, fondern läſst ſich auch gut
bearbeiten ; auch waren bei den Alten die Onyxe von aufserordentlicher Gröfse weit häufiger, als ſie bei uns angetroffen
werden. Woher dies komme ? — darüber haben die Gelehrten
mancherlei Mutmafsungen geäufsert. Diejenigen, welche auf
Kunſt der Verfälfchung riethen, zerfchnitten den Knoten eher,
als dafs ſie ihn löften. Wahrfcheinlicher nimmt man an, dafs die
alten Römer viele Arten von Marmor, Edelfteinen und andere
Naturprodukteu aus Ländern erhielten, wo jetzt der Handels-
zweig nicht hingeht, oder wohin überhaupt kein Zugang iſt.
Herr Oberconfiſtorial-Rath Böttiger *) vermutet, dafs die grofsen
Onyxe aus dem nördlichen Theile von Indien gebracht wurden, auf
welchen Theil ſich der Handel nach Indien, neuern Forfchungen
zufolge, einft einfchränkte. **) Ich follte nun hier billig die Steine
worein die Graveurs der Alten fchnitten, einzeln verzeichnen, befchreiben und nach Kunftrückfichten eintheilen, (denn anders werden die
Steine in der fchönen Kunft, anders in der Juwelierkunft, und noch
anders in der Naturgefchichte eingetheilt); wie fie auch Erneſti in
feiner Archäologie verzeichnet hat; allein zu gefchweigen, dafs
dadurch diefe Abhandlung für den jetzigen Zweck zu weitläuftig
würde, fo ift die Sache auch mit Schwierigkeiten verbunden, welche
genauere Forfchungen erfordern. Denn felbſt die Namen der Steine
bei den Alten machen hier Schwierigkeit, da viele derfelben nicht

A 2 mit

---

*) In feiner gründlichen Abhandluug über die Aechtheit und das Vaterland der
antiken Onyxcameen von aufserordentlicher Gröfse ; welche in der neuen Bibliothek der fchönen Wiff. und Künfte eingerückt, aber auch befonders gedruckt ift, Weimar 1796. Herr Berghauptmann v. Veltheim über die
Onyxgebirge des Ctefias und den Handel der Alten nach Oftindien. Helmft.
1797 beftätigt feine fchon früherhin geäufserte Meinung, dafs die Gebirge, wo
man nach Ctefias Onyxe, Sardonyxe und andere Edelgefteine finde, wahrfcheinlich diejenigen feien, welche fich im eigentlichen Indoftan an der weft-
lichen Küfte diefer Halbinfel hinunterziehen.

**) Onyx hiefs bei den Alten auch eine Art Marmor, die aus Syrien, Aegyp-
ten und Arabien kam, und welche wahrfcheinlich in Anficht und Farbe der
Gemme diefes Namens glich, d. h. hornfarbig und vielleicht auch halbdurch-
fichtig war, wie der Nagel am Finger, wovon die Gemme den Namen Onyx hat.
Dafs er eine Alabafterart gewefen fei, erhellet aus dem Namen Alabaftri-
tes, den er ebenfalls hatte. S. Plinius 36, 7 und 8. Vergl. Salmas. Exercit. Plin. S. 394 f. Die Alten machten gern Salbengefäfse aus diefer Onyx-
marmorart; daher das Salbengefäfs felbft bisweilen Onyx heißt. Hievon ift alfo
das Horazifche (4, 12, 17.) Nardi parnus onyx zu verftehen.

4

mit den unfrigen übereinkommen. *) Irre ich nicht, fo haben wir
auch vom Herrn Rath *Böttiger*, einem der gelehrteften Archäologen
unferer Zeit, eine Abhandlung hierüber zu erwarten. — Aber die
beiden Fragen darf ich in diefem Abfchnitte nicht unberührt lafien:

a) Haben die Alten fchon den Demant gravirt? und
b) Welches war wahrfcheinlich die Steinart ihrer Murrhinifchen Vafen?

Die *erfte* Frage anlangend, fo fieht man gewöhnlich das Demant-
fchneiden als eine neue Erfindung an; allein neu ift wol nur die Erfindung, den Demant fo zu fchneiden, dafs dadurch der Glanz er-
höht wird. Dafs die Alten wirklich fchon in Demant gefchnitten
haben, fcheint mir durch die Verfuche von Natter und Lippert aufser
Zweifel gefezt zu feyn. Lezter hat auch einige Demantgemmen
unterfucht und Abdrücke davon in feine Paftenfammlung aufgenom-
men, welche ohne Zweifel alt waren; nämlich einen Demant aus
der Sammlung des Lords Bedford, mit dem Kopfe des Pofidonius,
eines alten Philofophen, im zweiten Taufend feiner Daktyliothek
no. 387; fodann die Paften von fünf Demanten aus der Brühlfchen
Samm-

___

*) Schriften über die Gemmenmaffen find: Theophrafti Erefil
liber de lapidibus, in deffen Werken, ed. Dan. Heinfii, Leyden 1613 Fol.
Auch in Jo. de Laet de gemmis et lapidibus lib. II. Leyden 1647 8. Deutfch
überfetzt mit des Englifchen Ueberfetzers Hill Anmerk. und einer Abhandlung
über die Steinfchneidekunft der Alten, von A. H. Baumgärtner. Nürnberg
1770. 8. — Dioscorides de materia medica L. 1. c. 148 f. hat nur Weniges.
— Plinius L. 37 ift vorzüglich zu benutzen, famt feinen Commentatoren. —
Marbodäus, ein Britte, Bifchof in Frankreich im XI. Jahrh., hat ein latei-
nifches Gedicht gefchrieben de gemmis, welches Harduin über den Plinius oft
benutzt hat. Denn Marbodäus fcheint auf Plinius befonders Rückficht genom-
men zu haben. Bisweilen hat er hier mehr geleiftet, als Plinius felbft. Jacob
Gronov hat defs Gedicht der Gorläifchen Dactyliothek beigefügt. — Mich.
Mercatus metallotheca Vaticana. Er legte im XV. Jahrh. das Stufencabinet
im Vatican an, welches noch vorhanden ift. — Agricola de re metallica
2 Bde, ift in fehr gutem Latein gefchrieben. — Anfelmi Boetii (de Boot)
gemmarum et lapidum hiftoria, aucta ab Adr. Tollio. Leyden 1636 8. — Joh.
Kirchmann de annulis. Leyden 1672 12. — Die bis jezt vorzüglichften
Schriftfteller darüber find: U. F. Brückmann, von den Edelfteinen. Braunfchweig 1773 8. und die Beiträge dazu. Braunfchw. 1778 8. — Martini
Excurs V. zu feiner Ausgabe der Erneftifchen Archaeologie S. 144 - 170. —
Ingleichen H. F. von Veltheim über Werner's und Karften's Reformen in
der Mineralogie; nebft Anmerkungen über die ältere und neuere Benennung
einiger Steinarten. Helmft. 1793. Vergl. allg. Lit. Zeit. 1793 no. 336 S. 671. 72.
Von den Edelgefteinen findet man auch Unterricht in mehreren Dactyliotheken. Z. B. im Mufeum Richterianum.

Sammlung, im mytholog. Abfchnitte des dritten Taufend no. 357.
Omphale (S. Befchreibung S. 76) und im hiftorifchen Abfchnitte
des dritten Taufend no. 141. 271. 276. 323. Wir wollen Leffingen
(antiquar. Briefe Bd. 1. S. 202.) gern zugeben, dafs die orientali-
fchen Gattungen von Amethyft, Sapphir oder Smaragd, wenn fie
durch das Feuer ihrer Farben beraubt worden, vom erfahrenften Ju-
welier für Demante gehalten werden können. Aber dafs die Alten
den Demant gar nicht gravirt, folgt doch eben fo wenig aus ihrem
Stillfchweigen von gravirten Demanten, als aus der jezigen Seltenheit antiker gravirter Demante. Jene Stellen der Alten können eben
fo wol verlohren gegangen fein, als die antiken Demante-felbft. So
find heut zu Tage die gravirten Smaragde felten, da doch Plinius
bezeugt, dafs die Alten wegen Anmut ihrer Farbe fie fehr gern gehabt haben. Indeffen ift auch nicht zu läugnen, dafs mehrere Demantgemmen, die man für alt ausgiebt, fehr verdächtig find. S. Natters Vorrede S. 15 und Mariette S. 90 und 156. Uebrigens fchnitten
die Alten ficherlich nur äufserft felten in Demante, weil er die här-
tefte Gemmenmaffe und folglich fehr fchwer zu graviren ift. Und daher ihre jetzige Seltenheit. Selbft neuere gravirte Demante find ja als
eine Seltenheit anzufehen. *) Dafs die Alten auch nicht eben am
liebften und häufigften in die edelften Steine fchnitten, weil fie an
der Gemme blos die Kunft und nicht den Glanz und die Pracht des
Steines felbft fchätzten, ift bereits erinnert worden.

Zweitens fragt es fich, welche Art von Edelgeftein war es, aus
welchem die Alten die *vafa murrhina* verfertigten? — Plinius fetzt
die *murrha* unter die Gemmenarten: indeffen findet man nicht, dafs
Steinfchneider darin gravirt haben, fonden nur, dafs fie zu Gefäfsen,
meiftens zu Trinkgefchirren verarbeitet worden. Plinius hält fie
nämlich für ein Foffil, eine Art Onyx, welche in Parthien und befonders in Carmanien gefunden werde, und fchreibt ihr mehr eine
fchöne Weifse oder Glätte (nitor), als eigentlichen Glanz (fplen-
dor)

---

*) Johann Coftanzi, und deffen Sohn Carl, zwei vortrefliche Römifche Edel-
  fteinfchneider in der Mitte diefes Jahrhunderts, fchnitten zuweilen in Demant.
  S. Füfsli Künftlerlexicon S. 178. — Jacob da Treccia oder Trezzo in
  der Mitte des 16. Jahrh. foll, fo glaubt man gewöhnlich, den Demant zuerft
  gravirt haben. S. Allatius ad Antiquit. Etrufc. S. 40 Gorlaei Vorrede zur
  Dactyliothek, Longus de annulis S. 36. Allein Froppa, mit dem Zunamen
  Caradoffo, hat fchon ums Jahr 1500 die Bildniffe einiger Kirchenlehrer in
  einen fchönen Demant gegraben, den Pabft Julius II. für 22500 Kronen gekauft hat. S. Tomafo Garzoni piazza univerfale di tutte le profeffioni del
  mondo. (Venet. 1665) c. 58. S. 382. Ludwig von Bergnen aber, ein Niederländer, foll das Brilliantiren der Demante zuerft erfunden haben. S. deffen Buch de Mirabilibus Indiae S. 18.

dor) zu. Ihren Werth ſetzt er 1) in das Buntfarbige oder gefleckte
(varietas colorum und maculae pingues); 2) in das Farbenſpiel,· beſonders in Purpur und glänzendes Weiſs, ſo daſs ſich die Farben
wie im Regenbogen, in einander verlieren. 3) in den Wohlgeruch,
den ſie beim Reiben von ſich gegeben. Iedoch ſagt er das lezte nicht
von allen. Plin. 33, 2. 37, 7. 8. Dieſen Kennzeichen zufolge iſt
nun viel darüber gemeint und geſtritten worden, welche Maſſe oder
Gemmenart die Murrha eigentlich ſei. *) Einige haben es für Cryſtall
gehalten; allein dieſs wird ausdrücklich bei Plin. 33, 2. davon un-
terſchieden, wo es heiſt: murrhina et cryſtallina ex eadem terra
eſſodimus. — Andere erklären es für Porcellan, **) wobei ſie ſich
unter andern auf die murrhea in Parthis pocula cocta focis bei Propert. 4, 5, 26. berufen. Allein zu geſchweigen, daſs dieſs auf die
Myrrhenfarbe der Becher gehen kann, ſo würde doch, falls auch
wirklich die vaſa murrhina gemeint wären, nur aus dieſer Stelle folgen, daſs ſie eine Art von Töpferarbeit gewefen. Der Graf Caylus
war anfangs derſelben Meinung, daſs Porcellan darunter zu verſtehen ſei, wobei er ſich unter andern des Grundes bediente, weil
man nie dergleichen Gefäſse gefunden habe. Allein dieſs beweiſt
gar wenig; denn es können allerdings dergleichen gefunden worden ſeyn, nur daſs ſie niemand dafür anerkannt, ſondern für irgend
eine andre Maſſe gehalten hat; welches deſto leichter hat geſchehen
können, wenn die Murrha wirklich thonartig geweſen iſt, wohin
auſser dem cocta des Propertius auch die Worte des Plinius 37, 8,
führen; eſſe humorem, qui ſub terra calore denſetur. Wären dieſe Gefäſse Porcellan geweſen, ſo würden ſie auch kaum ſo theuer und
ſelten geweſen ſeyn. Denn ſie wurden ihres Werthes wegen ſogar
in die Tempel geſchenkt. — Nachher aber hat Caylus ſeine Meinung geändert, und behauptet, dieſe Gefäſse wären aus Eiſenſchla-
cken gemacht worden. ***) Eine andere Meinung iſt, murrha ſei ein
Onyx

*) Mariette, Caylus, Cuper, Scheuchzer, Chriſt, von Veltheim
haben darüber Unterſuchungen angeſtellt. Abbé le Blond diff. ſur les vaſes
murrhins, hält es für Sardonyx. Prinz Biſcari ragionamento dei vaſi murrhini
1782 4. Man ſehe auch Rezzonici Disquiſitr. Plin. Bd. 2. S. 213. Salmaſii Ex-
ercitatt. ad Solinum S. 144. 769 und 1063. Die Ausleger über Sueton. Auguſt
c. 71; und was Rader über Martial S. 860 geſammelt hat.

**) Z. B. Mariette Bd. 1. S. 218 hält es für Chineſiches Porcellan. Dieſe Mei-
nung wiederlegt ausführlich Chriſt, de vaſis murrhinis. Leipzig 1743 4.

***) In der Abhandlung de lapide Obſidiano, in welcher er auch eine Abhandl.
von den murrhiniſchen Gefäſsen verſprach, die er aber, meines Wiſſens,
nicht geliefert hat.

Onyx **) gewefen, nämlich nicht die Gemmenart, fondern die Marmorart diefes Namens, deren vorhin in einer Anmerkung Erwänung gethan ift. Man beruft fich hiebei auf die Stelle Propert. 3, 8, 22.: *et crocino* (eine Art Balfam) *nares murrheus ungat onyx.* Allein entfcheidend ift diefe Stelle nicht, da *murrheus* entweder auf die bräunliche Farbe der Balfambüchfe gehen, oder murrheus onyx eine Büchfe aus Onyxmarmor bezeichnen kann, worin man Myrrhenbalfam aufzubewahren pflegte. Hiezu kommt, dafs in des Lampridius Leben des Heliogabalus c. 32. die murrhinifchen Gefäfse vom Onyx unterfchieden werden. — Die neueften und beften Forfchungen darüber haben angeftellt *Chrift*, ehemaliger Profeffor zu Leipzig, der erfte, welcher auf deutfchen Univerfitäten über die fchönen Künfte und Kunftwerke der Alten Unterricht ertheilte; welcher in dem murrhinum einen Dendrachat zu finden fcheint: und B. v. *Veltheim* in der Abhandlung über die murrhinifchen Gefäfse (Helmftadt 1791.) Lezter glaubt, murrha fei ein Chinefifcher *Speckftein* gewefen, als womit alle von Plinius angegebene Kennzeichen übereinkämen, nur nicht der Wolgeruch; diefen habe man den Vafen oder dem Steine unftreitig durch Kunft gegeben. Der Wolgeruch macht allerdings die geringfte Schwierigkeit gegen irgend eine Meinung. Denn man konnte ja im Altertume die Kunft verftehen, z. B. auch dem Porcellan aromatifche Sachen beizumifchen, welche in fpätern Zeiten wieder verloren gegangen fein könnte. Und Plinius fagt, wo ich nicht irre, auch von den Diamanten einiges, das mit den unfrigen nicht ganz übereinkommt. Alfo die Mutmafsung des Herrn Berghauptmanns von Veltheim ift nicht unwahrfcheinlich. Denn folche Gefäfse aus Chinefifchem Speckfteine können von China aus durch den Küftenhandel nach Kermen und von da in das übrige Afien leicht gebracht worden fein. Daher hat Mithradates in Pontus auch die erften vafa murrhina gehabt. Hier erbeutete fie Pompejus, und führte fie als die erften im Triumphe, den er über Mithradates erhielt, in Rom ein, wo er fie in Tempeln als Weihegefchenke niederlegte. Auguft erhielt einen murrhinifchen Becher aus der Aegyptifchen Beute. Nachher wurden fie auch unter Privatperfonen gewöhnlich, aber immer blieben fie in hohem Preife, **) — In Aegypten

---

*) Diefs ift C u p e r 's Meinung in feinen Briefen an Schellhorn. S. Schellhornii Amoenitat. Eccl. Bd. 2. S. 890.

**) Einige glauben, dafs die noch vorhandene Urne im Sarcophag des Kaifers Alexander Seuerus (die fogenannte Barberinifche oder Portland-Vafe) von Murrha fei; von welcher weiter unten die Rede fein wird. — Rafpe in fei⸗ nem

ten ahmte man das Murrhinum in einer künftlichen Glasmaffe (aus
Lapis obfidianus) nach. Beim Arrianus in periplo maris Erythraei
S. 114, wird einer folchen Fabrike gedacht. Vergl. Salmaf. Exercit.
ad Solin. S. 144. 769.

II. Wie arbeiteten die alten Steinfchneider? oder über das Mechanifche der Steinfchneidekunft.

Stellen der Alten, worin die bei ihren Künftlern übliche Art
zu arbeiten beftimmt und deutlich befchrieben würde, finden fich
nicht; denn die Stellen im Plinius 37, 15 und 76 u. f. w. find dun-
kel. Indeffen haben neuere Künftler befonders *Mariette*, *Natter* und
Lippert Vorrede zur Dactyliothek, gründliche Forfchungen darüber
angeftellt; und befonders hat der grofse Steinfchneider *Natter*,
durch Vergleichung der ältern und neuern Werke und durch Nach-
bildung alter Steine in der neuern Art der mechanifchen Arbeit,
gezeigt, dafs die Alten auf diefelbe Art gearbeitet haben müffen,
als die Neuern. Diefe ift kürzlich folgende: der Graveur mufs eine
Zeichnung oder Modell aus Wachs oder Thon vor fich haben; mit
welcher er fich vors Rad fezt, das er durch den Fufs aufs fchnellfte
treibt. An der Axe des Rades ift ein Stift, eigentlich das Rädchen
genannt, aus Meffing oder nicht fehr gehärtetem Eifen. An diefen
Stift hält er den in Holz fefteingekitteten Stein, den er graviren
will. Zum Eingreifen dient der Demantftaub, der mit Oel gewäf-
fert ift. Auch wirft er, wenn er Cameen gravirt, das Modell in ein
mit Waffer oder Milch angefülltes Gefäfs, um es aus der Oberfläche
des Steins fo weit ganz nach der Natur herauszuarbeiten, als das
fchwimmende Modell aus dem Waffer hervorragt. Während der Arbeit macht er immer von Zeit zu Zeit Abdrücke, um zu fehen, wie
weit er in feiner Arbeit gekommen ift, und wie fie ausfalle, beffert
dann und puzt immer nach, bis er mit der unglaublichften Geduld
und Mühe die Figuren in ihrer Schönheit dargeftellt hat.
*Haben die Alten auch mit dem Demant allein gefchnitten, ohne das
Rad zu gebrauchen?* C h r i f t zum Mufeum Richterianum, und in den
Commentar. Lipf. literar. Bd. 1, fect. 3. S. 334 glaubt, die Alten
hätten fich des Rades feltner bedient, als die Neuern, jene hätten
mehr

---

rer Befchreibung von Taffie's Gemmen, Einleitung S. XLVII, hält fürs
Wahrfcheinlichfte, dafs die vafa murrhina aus Achat oder Sardonyx und anderen Steinarten von ganz vorzüglichen Farben und Streifen, und fehr dünne
gefchnitten, beftanden hätten.

mehr mit der Demantfpitze gearbeitet, als diefe, und befonders die fehr kleinen Gemmen hätten nicht wol mit jenem, fondern blos mit diefer von ihnen gefertigt werden können; aber er läugnete den Gebrauch des Rades, befonders in den älteren Zeiten nicht ganz. *Lippert* dagegen in der Vorrede zur deutfchen Ausgabe der Dactyl. · S. 30 f. läugnet den Gebrauch des Demants bei der Gravüre der Alten ganz, und hat es ausführlich zu widerlegen gefucht. *) Allein ganz kann der Gebrauch der .Demantfpitze in der Gravüre bei den Alten fchwerlich geläugnet werden. Deun *erftlich* giebt es gewiffe Vertiefungen und Unterarbeitungen, wo der Künftler mit dem Rädchen nicht fortkommen kann, und wozu er fich nothwendig der De-mantfpitze bedienen mufs. S. Natter S. 35. f. *Sodann* fagt ja auch Plinius ausdrücklich 37, 15, dafs die Künftler zu ihrer Arbeit kleine Demantfpitzen in ftälerne Hefte gefafst haben. Nun fragt es fich nur, ob man mit diefen Spitzen nach Art derer, die Zierrathen in Holz ausfchneiden, gegraben, oder ob man die eingefafsten Demant-fpitzen in ein Rad befeftigt, und fo mit diefen gearbeitet, wie es in neuern Zeiten gefchieht? In Steinen, die nur fkizzirte Arbeit haben, entdeckte Winkelmann das Rad. Auch aus Vettori, Giulianel-li, Joannon di St. Laurent und anderer Kunftverftändigen Schriften erhellet, dafs man mit der Demantfpitze allein keine Gravüre mache, fondern dafs man fie bei der Arbeit zugleich mit dem Rädchen ge-brauche. Ueber den Gebrauch der Demantfpitze bei der Steingravü-re fiehe auch von *Veltheim* über Memnons Bildfäule. Er zeigt auch, dafs die Alten mehr Mittel gebraucht haben, in den Stein einzugrei-fen, *Nagemittel* nennt er fie, nämlich den Smergel, das Naxium, den Oftracit; und zur Politur der Steine auch ein Honigdecokt.

Ob die Alten die Oberfläche der Steine mit Demantftaub oder Smergel (fmyris, naxium) *polirt haben* — wird jedoch von Einigen bezwei-felt. *Chrift* am ang. Orte in der Vorrede glaubt, auch die Oberfläche fei mit dem Meifsel gegraben worden; denn durch Microfcopien fehe man Riefen und Schrinnen, die von dem Demantftaube nicht entfte-hen könnten. Allein die Stelle im Plinius 37, 4, 13, kann auch von der Scalptur des Süjets verftanden werden, und enthält vielmehr Zeugniffe für die Politur.

Haben die alten Steinfchneider bei ihrer Arbeit fchon Microfcopien ge-braucht? Sehr wahrfcheinlich bedienten fie fich derfelben; welches theils aus Plinius 37, 5, der Grundftelle hierüber, theils aus meh-rern

---

*) Vergl. auch Kloz vom Nuzen gefchnittener Steine S. 45. f. und dagegen Leffing Antiquar. Briefe Bd. 1. S. 204. f.

B

rern aufserordentlich kleinen Steinen erhellet, die dennoch ganze Gruppen enthalten, in welchen einigen Figuren kaum mit blofsen Augen erkennbar find, gefchweige dafs fie durch die blofse Hülfe diefer hätten eingefchnitten werden können. Natter und Lippert in den Vorreden zu ihren Werken, auch Kloz am ˙a. O. bejahen daher obige Frage, obwol Lefling fie verneinte. — Aber die Erfindung der Microfcopien ift ein Eigenthum neuerer Zeiten? — Es wäre nicht das einzige Beifpiel, dafs eine folche fchon von den Alten gemachte Erfindung in der Dunkelheit des Mittelalters wieder verloren gegangen wäre. Wie z. B. der Pendul, welchen die Araber fchon im Mittelalter gebrauchten, die Zeit durch deffen gleiche Schläge zu meffen, wie Eduard Bernard aus ihren Schriften gezeigt hat; und welchen Galilái in den neuern Zeiten zuerft wieder entdeckte.

In Abficht auf den Gebrauch, für welchen die Gemmen beftimmt waren, wurden die Figuren entweder *einwärts* oder *auswärts* gefchnitten, *) d. h. entweder in den Stein hinein oder aus dem Steine heraus gearbeitet, fo dafs im letztern Falle die Arbeit en relief war, und folglich nach den Regeln des Reliefs behandelt und beurtheilt wurde.

---

*) Einwärtsgefchnittene Steine heifsen gemmae fcalptae, auswärtsgefchnittene, mit erhobenen, aus der Oberfläche des Steins herausftehenden Figuren, gemmae caelatae (bei den Griechen αναγλυφα und εκτυπα.) Scalpere ift eigentlich fchnizen in Holz und Elfenbein, aber auch einwärts ftechen, graviren. Daher fcalptores (δακτυλιογλυφοι,) Steinfchneider, Pet. fchierftecher; fcalptura gemmarum die Steinfchneidekunft, (γλυπτικη.) Sculpere aber heift Körper nach dem Runden aushauen, und zwar eigentlich in Marmor. Daher Plinius die Bildhauer in Marmor immer fculptores nennt. Caelare und τορευειν erklärte Winkelmann vom Einwärtsftechen (Intaglio.) Aber Heyne in der Abh. von der Toreutik, infonderheit beim Plinius, in feinen antiquar. Abhandl. Bd. 2. S. 127 - 148. zeigt gegen Winkelmann, dafs beide Worte nur von erhobenen Gufsarbeiten und Figuren in Metall, Edelgeftein u. f. w. gefagt würden. Veltheim in der Abh. über Memnons Bilfäule S. 52 f. beftetigt diefs von τορευειν, und beftimmt es noch etwas näher dahin, dafs es nur den höchften Grad der Vollendung an Bildfäulen und Reliefs nach vollendetem Gufse bezeichne. Er belegt diefs fattfam mit Stellen der Alten. Aber offenbar ift es nachher allgemeiner gebraucht worden, von jedem Relief in harten Maffen, in Metall, ja felbft in Thon und Glas, wie viele Stellen der Alten beweifen. S. auch Ernefti clau. Cic. v. toreuma. Ganz gegen Heyne aber und gegen viele Stellen der Alten behauptet er, dafs caelare hauptfächlich nur vom Graviren und Arbeiten a l'intaglio zu verftehen fei; obwol nicht zu läugnen ift, dafs es in einigen Stellen davon gebraucht werde. Z. B. Quintilian, 2, 4, 7. und 10, 3. S. 243 ed. Bipont. vielleicht auch,

wurde. Indeffen liefsen fich die Regeln der Perfpective in den Ver-
kürzungen, der Entfernung und der Ausficht auf den kleinen Gemmen weniger aubringen, als auf gröfsern Reliefs, die in andere
Maffen, als in Edelgefteine gearbeitet wurden, *) wo die Haupt-
handlung von den Nebenverrichtungen, die nicht auf demfelben Plaze
mit jener Statt finden können, durch Abftand und Entfernung perfpectivifch getrennt werden konnten. Jedoch haben die alten Steinfchneider fich hiebei *dreier* Vortheile bedient. 1) Die voranftehen-
den Figuren machten fie, um das Auge zu täufchen, ftärker oder
mehr erhaben, und bei Intaglio's fchnitten fie diefelben tiefer, die
hintern aber flächer, nachdem fie mehr oder mehr entfernt fcheinen
follteu. 2) Sie nahmen hohe und fchildförmig gefchliffene Steine,
in welche fie die Figuren einfchnitten. Die Fläche, welche nun im
Abdrucke hohl erfchien, machte, dafs die Nebenfiguren wie von
der Seite, oder herumgeltellt, und von der Hauptfigur entfernt aus-
fahen, da diefe ftärker ausgedruckt war. 3) Sie bedienten fich der
Adern und Farben der Steine fo vortheilhaft, dafs die Bilder wie
ganz frei erfchienen; wie oben bereits erinnert worden. — Die
einwärts gefchnittenen Steine (intaglio's) wurden, da ihre Figuren und Gruppen im Abdrucke erhaben und folglich dann erft recht
in ihrer Schönheit erfcheinen, zum Siegeln gebraucht, und zu dem
Ende, aber nur von Männern, in Ringen getragen: die erhaben oder
auswärts gefchnittenen (Cameen) aber wurden nicht zum Siegeln,
fondern zum Schmuck und zur Verfchönerung des Körpers von Damen getragen. Daher findet fich auch eine gröfsere Menge der
Cameen, als der Intaglios. Man trug fie nämlich in Gürteln, Säu-
men der Gewänder, Ohrgehängen, Halsbändern, Armbändern, Agraf-
fen und Coëffüren; welcher gefchmackvollen Art der Verzierung
auch unfere Damen vor dem gefchmacklofen Prunke des Goldes
und Silbers und der blendenden, aber nicht wirklich verfchönernden
Demanten mit Recht den Vorzug gegeben haben. Auch pflegte man
Cameen in Vafen und Trinkbecher zur Verzierung derfelben einzu-
fezen. Daher *vafa gemmata*, *pocula gemmata* vorkommen: denn *vafa*
gemmea find Gefäfse, die ganz aus einem edlen Steine, z. B. aus
Onyx, Achat, Murrha gefchnitten find. Gemmen in Gefäfse

B 2

ein-

---

*) L i p p e r t Vorrede zur Daktyl. S. 18 läugnet die Kenntniffe der alten Künftler
in der Perfpectiv, und behauptet, dafs fie blos nach der Erfahrung ihres Au-
ges gearbeitet. In der That ift auch die Perfpectiv auf den Reliefs nicht immer
fonderlich; wiewol W i n k e l m a n n Gefch. der Kunft S. 555. 56. fich gewaltig
gegen diefen Tadel fträubt, wobei er vielleicht nur einige treflich perfpectivifch
gearbeitete Reliefs, die er dort nennt, vor Augen gehabt hat.

zufezen, war befonders in Afien gewöhnlich. S. Cicer. Verrin.
4, 17.
Woher der Name *Camee* komme, — darüber ift mancherlei gemeint und gemutmafst. S. Lefting antiquar. Br. Bd. 2. S. 145-173.
Noch neuerlich hat der Herr von Veltheim über Werners und Kar-
ftens Reformen in der Mineralogie, S. 58 den Urfprung des
Worts Camee nach Velthufen und Bruns von dem Worte קָמֵיעַ
abgeleitet, welches im Chaldäifchen קָמֵעַ fo viel als *Gefundheits-*
amulet bedeutet; dafs alfo der Name von einem magifchen Gebrauche
folcher Steine entlehnt wäre. S. Buxtorfii Lexicon Chald. et Talmud.
S. 2057. Hiemit könnte allenfalls folgende Erklärung in Ueberein-
ftimmung gefezt werden: Im Mittelalter bezeichneten die Mineralo-
gen — diefs hat Lefting erwiefen — mit dem Worte *Camehuia* einen
vielfarbigen Stein, befonders eine Onyx- oder Sardonyxart. Nun
läfst fich annehmen, dafs man im Oriente vielleicht gerade dergleichen Steine von zwei oder drei Schichten verfchiedener Farbe, auch
als Gefundheitsamulete gebrauchte. Und weil man folche mehrfarbige Steine infonderheit für die erhabene Gravüre tauglich fand und
fie vorzüglich dazu wählte; fo kann der Name, der anfangs die
mehrfarbige Stein- oder Onyxart bezeichnete, allerdings nachher
auf den davon gemachten Gebrauch der erhabenen Arbeit übergetra-
gen, und fo endlich *allen* erhabenen gefchnittenen Steinen gegeben
fein. Diefe Erklärung ift faft ganz die Leftingifche; nur möchte ich
das Wort *Camehuia* mit ihm nicht gerade von *gemma onychina* ablei-
ten, fondern es vielmehr für ein orientalifches Wort halten, weil
im Mittelalter die Edelfteine, und mit ihnen zugleich die Namen
häufig aus dem Oriente kamen. Er erinnert freilich richtig gegen
die oben angeführte Ableitung von קָמֵעַ (kameia), welche fchon
Huet annahm, dafs diefs eigentlich kein Chaldäifches, fondern ein
Rabbinifches Wort fei; allein ungegründet fcheint feine Behauptung,
dafs die Rabbinen diefs Wort vielmehr aus einer fremden Sprache
entlehnt hätten. Diefs Wort kommt ja fchon im Talmud vor; es
läfst fich aber nicht denken, dafs damals, als die Talmudiften fchrie-
ben, die *gemma onychina* fchon in *Camehuia* verwandelt worden fei.
Und da das Rabbinifche *kameia* (*Amulet*) offenbar von dem Wurzelwort קמע *anbinden, anhängen* herkommt, fo müfste ja, gilt Leftings
Meinung, aus dem fremden Worte *Kameia* ein neues Wurzelwort
in die Rabbinifche Sprache gebracht fein, und folglich ein ὕτερον
πρότερον angenommen werden. Näher liegt vielleicht die Ableitung
des Worts Camee vom Arabifchen Worte جَمَع, welches, wie alle
davon

davon abgeleitete Worte, ein *Hervorragen*, *Herausstehen*, eine *Erhaben-*
heit anzeigt. S. Golii Lexic. Arab. S. 1966 *)

III. Kurze Geschichte der Steinschneidekunst.

Die Kunst, Edelgestein zu bearbeiten, zu poliren und darein zu
schneiden, geht bis ins höchste Altertum hinauf, das wir nach hi-
storischen Sagen kennen. Früher ward indefs offenbar, der Natur
der Sache nach, das Poliren, später das Graviren derselben erfunden.
Vielleicht dafs der erste Verfuch, Figuren in Stein zu schneiden, durch
das Spiel der Natur veranlafst ward, welche oft auf Steinen Gestal-
ten in Farben und Adern bildet, welche Thieren, Bäumen u. f. w.
entweder wirklich ähnlich fehen, oder wo doch zur Vorstellung der
Aehnlichkeit die menfchliche Phantafie nachhilft. Des Juden Aaron
Schild hatte fchon einen Glanz, folglich mufste er polirt feyn. Auch
waren die Namen der Stämme hineingefchnitten. 2. Mof. 39, 6.
Aber diefe Kunst hatten die Juden von den klügern und früher gebil-
deten Aegyptiern erlernt. Höher gehen die Nachrichten nicht ins
Altertum hinauf; indeffen ist es höchst wahrfcheinlich, dafs auch
fie nicht Erfinder waren, fondern eher die Inder. Denn *erftlich* giebt
es auch noch andere Spuren, welche auf die Vermuthung führen,
dafs fchon früher ein ziemlicher Grad von Cultur in Indien gewefen,
als in Aegypten, und dafs die Aegyptier wahrfcheinlich ihre Cultur
aus Indien erhalten haben; *fodann* ift Indien auch gleichfam das Va-
ter-

---

*) Ueber das mechanifche Verfahren bei der Arbeit des Steinfchneidens hat Win-
kelm. Gefch. der Kunst S. 549 fehr wenig. Am beften handeln davon Mariette Traité des pierres gravées To. I. S. 195, und Martini Traité de la methode
antique de graver en pierres fines. London 1754 fol.; (welches Werk Winkelmann unrichtig beurtheilte); und Lippert Vorrede zur Dactyliothek S. 32 f.
und Bd. 1 der Dactyliothek no. 381. Diefe Dreie erweifen, dafs die Alten auf
eben die Art gearbeitet, wie die Neuern. Ferner fehe man Gorläus Vorrede
zu feiner Dactyliothek; und Chrift's Vorrede zum Richterfchen Mufeum. —
Caylus fur la gravure des Anciens in den Mem. de l' Acad. des Infcript. Bd.
32. welche in Caylus Abhandlungen zur Gefchichte und Kunst von Meufel
überfezt ift. Altenburg 1768 4. Abhandl. VI. — Martini Excurs. 17 über Ernefti Archaeol. S. 265 - 274. — Einige Gedanken über die Kunft des Steinfchneidens (auf Veranlaffung des Auffazes: Beiträge zur Kunftgefchichte im 22
Hefte der Mifcellan. artiftifchen Inhalts) vom Sächfifchen Hofgraveur Joh.
Veit Döll zu Suhl, in Meufels Mufeum für Künftler und Kunftliebhaber St. 3.
Hierin wird Natters Beweis, dafs die Alten fich mit den Neuern einerlei mecha-
nifcher Einrichtung und Inftrumente beim Steinfchneiden bedient, (unterftüzt,
und die Urfachen des geringen Grades diefer edlen Kunft in unfern Zeiten
augegeben.

terland der harten edlen Steine, und zwar befonders des Demants, ohne welchen kein künftlicher Schnitt der Steine möglich ift. Von Indien aus konnten diefe Kunft zunächft die Perfer (wenn anders die Perfifchen Steine fo alt find), und von den Perfern andre Afiaten, befonders die Phoenicier, und auch die Aegyptier und Griechen erhalten. Denn auf den älteften griechifchen Steinen finden fich auffallende Spuren der Aegyptifchen Manier in Form und Bildungsart. Winkelmann hielt diefe Arbeiten fälfchlich für hetrufkifch, die man nach feiner Zeic richtiger für Arbeiten im altgriechifchen Stile anerkannt hat. Die älteften Griechen anlangend, fo wiffen wir wenigftens von den Laconern, dafs fie anfangs mit vom Wurm durchlöchertem Holze *) fiegelten. Dann fchnitten die Griechen zuerft in Metall Figuren, weil diefes der Bearbeitung weniger widerfteht, als der Edelftein. Im Homer findet man daher noch keine Spur von Edelfteinen. Denn man findet, dafs die Ringe früher, als die gravirten Steine vorhanden gewefen. Diefer metallenen Ringe bedienten fich die Alten zum Verfiegeln der Briefe, der Teftamente, der Keller, der Getraide- und Vorrathsbehältniffe, der Weinfäfser u. f. w. Diefs fagt Tacitus von einem Perfifchen Prinzen; und ein folcher war auch der Ring des Pharao. **) In der Folge fieng man auch an Edelfteine zu graviren, nachdem man härtere Inftrumente hatte verfertigen lernen; aber man gravirte fie lange, ehe man den Gebrauch von ihnen machte, fie in Ringe zu fezen. ***) Nachher fiengen zuerft die Vornehmern an, gravirte Edelfteine in Ringen zu tragen, aber nur die Männer trugen fie in Ringen an Fingern, ****) um

der

*) S. Hefychius Θριποβρωτος, und dafelbft die Noten.

**) S. Goguet fur l' origine des loix, fciences etc. Bd. 3. S. 225. Kirchmann de annulis.

***) Pala heift die Einfaffung der Kaften eines Ringes, worein die Gemme gefezt wird; griech. σφενδονη, welches eigentlich das Leder an einer Schleuder ift, worauf der Stein lag. — Zum Siegeln gebrauchten die Alten allerlei Kreitearten. Daher Cic. fagt: Verrem bonitatem annuli cognoviffe in cretula (am Siegel). — Die tiefgefchnittenen Steine zum Siegeln heifsen: gemmae infcalptae, diaglyphicae, und in Abficht auf ihren Gebrauch, gemmae annulares; die Cameen zum Schmuck heifsen: gemmae ectypae, exfcalptae, anaglyphicae.

****) Die gefchmacklofe Gewohnheit unferer Damen die Finger mit Ringen zu überladen, fcheint auch bei den Griechen, aber, wo ich mich der Stelle im Ariftophanes richtig erinnere, nur bei üppigen galants hommes und Wüftlingen eine Zeit lang üblich gewefen zu fein. Einen folchen Menfchen bezeichnet Ariftophanes,

der Sicherheit willen, weil fie fich derfelben zum Siegeln bedienten, und zum Puz. Die Damen dagegen trugen fie im Schmuck, wie bereits erinnert worden. Die Aegyptier, Hetrusker und Griechen brachten die Steinfchneidekunft zu derjenigen Vollkommenheit, zu welcher fchöne Kunft überhaupt bei ihnen gelangte, d. h. die Griechen zur erhabenften Staffel derfelben. Davon zeuget eine Menge der vortreflichften noch vorhandenen Gemmen. Die grofse Menge der überhaupt noch übrigen Gemmen aber, deren noch immer fort in Italien fehr viele ausgegraben werden, °) fo wie die grofse Menge der Namen alter Steinfchneider, °°) die fich in den wenigen noch übergebliebenen Schriften der Alten und auf den Gemmen erhalten haben, bezeugt, wie ausgebreitet und allgemein beliebt diefe Kunft im Altertum gewefen fein müffe. So fand z. B. Pompeius im Schaze des Mithradates 2000 Trinkgefchirre aus Edelgefteinen gefchnitten.

Die ältefte Spur einer gravirten Ringgemme ift in der mythifchen Zeit vorhanden; nämlich in diefer wird einer Ringgemme des *Phocus*, des Sohns des Aeacus gedacht, von welchem die griechifche Landfchaft Phocis den Namen haben foll. Aber Plinius 37, 2. fezt den Anfang der Gravüre in Ringgemmen in die Zeiten des *Polycrates* von Samos, (eines Zeitgenoffen des Künftlers Dädalus,) deffen Gemme Theodorus gravirte. Für den Ring des Polycrates giebt es zwar mehr Zeugniffe der Alten, als für den des Phocus, nämlich Herodot. 3, 41. Plin. 37, 2. Paufan. 8, 14. S. 629. Allein die Verfchiedenheiten °°°) in der Erzählung haben einigen die Sache zweifelhaft

---

phanes, um ihn dem Gelächter des Parterre bloszuftellen, mit einem neugemachten fchwerfälligen Worte: σφϱαγιδοιυχαϱγοχομητης, der die Finger bis an die Nägel herauf mit Ringen befteckt hat.

°) Und wie grofs würde die Ausbeute an Gemmen fowol als an anderen Kunftwerken fein, wenn man häufige Nachgrabungen in Grofsgriechenland, in Sicilien und in dem eigentlichen Griechenland, z. B. in und bei Athen veranftaltete und zum Theil veranftalten dürfte!

°°) Diefe erfiehet man aus Stofch, Galeozzi, Gori, Amaduzzi u. f. w. Aus Stoschens Catalog hat fie zufammengeftellt Chrift Abhandlungen über die Literatur und Kunftwerke S. 297. Von Murr hat auch ein Verzeichnifs der alten Künftler, worunter man weit mehr Römifche Namen findet, Bibliotheque de peinture etc. Bd. 1. S. 248 f. Allein welchem Irrthume man ausgefezt fei, wenn man die Namen der alten Künftler aus den Gemmen entnimmt, worauf man dergleichen gefchnitten findet, davon weiter unten.

°°°) Von diefen S. Petr. Leopardus Emendatt. 10, 25.

felhaft gemacht. *Leßing* antiquar. Briefe Bd. 1. S. **153** behauptet, die-. fer Stein im Ringe des Polycrates fei ohne Figuren gewefen, weil Plinius 35, 4. fage: Polycratis gemma, quae demonftratur, (näm- lich Romae in Concordiae delubro. Vergl. 37. 2., wo er zweifelhaft zufezt: fi credimus) *illibata intactaque* eft; ja diefe Worte fcheinen ihm fogar anzudeuten, dafs diefer Stein nicht einmal gefchliffen, fon- dern völlig fo gewefen, wie er aus der Hand der Natur gekommen. Allein 1) diefe Worte können auch blos *unverfehrt* heifsen; die Ideen. *unpolirt* und *ungefchnitten* wären ficherlich anders ausgedrückt. 2) Herodot. nennt ihn σφρηγις χιυσοδετες, gemma annulo aureo vincta, folglich mufs er eine Figur gehabt haben; denn mit glatten Steinen fiegelte man wol nicht. Gewiſſer ift, dafs die hohe Voll- kommenheit diefer Kunft in das Zeitalter des Alexander fällt, der fein Bildnifs nur vom *Pyrgoteles* in Edelgeftein gefchnitten, fo wie nur vom Lyſipp in Stein, und vom Apelles in Gemälden dargeftellt fehen wollte. Plin. am a. O. Ob unter der grofsen Anzahl vor- handener antiker Gemmen noch eine von jenem grofsen Meifter gra- virte Gemme befindlich fei, ift ungewifs. Mehrere glauben, die unter dem Namen: Siegelring des Michel Angelo, berühmte Gem- me fei ein Meifterftück des Pyrgoteles. S. Mariette tab. 1. tab: 47; wo er am fchönften gezeichnet ift. — Dafs es auch in Sicilien gute Steinfchneider gab, fcheint aus Cic. Verrin. 4, 26. zu erhellen.

Die *Römer* fcheinen die erften Edelfteine nach den Kriegen in Afien mit den Königen von Syrien und Pergamus kennen gelernt zu haben, wo fie fich der Königlichen Schäze bemächtigten und Afien zur Provinz machten, befonders aber, nachdem Pompeius die dem Mithradates geraubte Sammlung mit nach Rom gebracht habe. Sie wurden darauf grofse Freunde von gefchnittenen Steinen und leg- ten auch einige Dactyliotheken an, welche ich weiter unten nen- nen werde. Aber unter ihrer eigenen Nation zeigten fich eben fo wenig in der Steinfchneidekunft, als in andern fchönen Künften vollkommene Meifter. Sie erhoben fich nicht über die Mittelmäfsig- keit. Ihre Zeichnung ift nicht nett, und ihre Gedanken nicht er- haben; die Grazie und Anmut der Griechifchen fehlt ihnen. Auch fehlt das fchöne Nakte, wodurch der Künftler den Menfchen und feine eigne Kunftgefchicklichkeit in feiner gröfsten Vollkommenheit darftellen kann; denn die Römer ftellen gewöhnlich ihre Figuren mit Röcken und Mänteln bekleidet vor, deren Falten nichts vom Körper durchfcheinen laffen. Alfo auch diefe Kunft trieben unter ihnen in ihrer Vollkommenheit hauptfächlich nur Griechen; felbft die Steine mit den Köpfen ihrer Kaifer fchnitten Griechen. S. Sue- ton. Aug 50.

Im

Im Mittelalter fchweigt die Gefchichte von vollkommen fchöner Kunft; aber diefe Kunft überhaupt gieng nicht verloren. Selbft
in Glaspalten formte man noch antike Gemmen nach. Aber diefe
ächten Gemmen verftand man oft nicht von den Glaspaften zu unter-
fcheiden, oder man war fo gefchmacklos eine Krone, Altar u. f. w.
mit beiden Arten gemifcht zu befezen. Aber beim allgemeinen Wiedererwachen der Künfte und Wiffenfchaften im 15ten Jahrh. — die
Künfte giengen voran, die Wiffeufchaften folgten, und diefe unter-
ftüzten und beförderten nachher jene noch mehr, fo wie diefe von
jenen wiederum Licht und Aufklärung erhielten — bei jenem allgemeinen Wiedererwachen der Künfte und Wiffenfchaften, lebte auch
die fchöne Steinfchneidekunft unter den Päbften Martin V. und Paul
II., und unter Lorenzo de' Medici zu Florenz wieder auf. *Donatello*
und Marco *Taffini* gehören zu den Nachahmern der Griechen in diefer
Kunft. *Torenz de' Med.* brachte viele Gemmen aus Afien und Griechenland zufammen, und liefs fowol auf diefe, als auf die neuver-
fertigten L. M. ftechen. — Im 16ten Iahrh. unter dem Pabft Leo X.
nahm diefe Kunft in Italien immer mehr an Vollkommenheit zu.
Maria di *Pefcia* war hier ein grofser Nachahmer der Antiken. Auch
zeichnete fich *Michelino* durch Anmut feiner Gemmen aus. Auf
des *Aleffandro Cefari* Gemmen ift edle Zeichnung und fchöne Ausführung. Nach den Italienern gehört fchon in diefem Iahrh. den deutfchen Steinfchneidern der nächfte Rang. Schon für den Kaifer Rudolph II. arbeiteten gefchickte Meifter, aber ihre Namen find unbekannt. Der ältefte bekannte deutfche Steinfchneider ift Daniel *Engel-
bard* aus Nürnberg. *) Unter Ludwig XIII. und Heinrich IV. war
Coldore in Frankreich berümt; man hat indefs nur Köpfe von ihm. —
Im 17ten Jahrh. thaten fich vorzüglich Italiener und Deutfche, in
diefer Kunft hervor. Unter den Italienern Paolo *Pezzo* zu Venedig,
Andrea *Borgogne* und Stefano *Mocchi* zu Florenz, *Suzan*, genannt *Rey*,
zu Rom; unter den Deutfchen Georg *Höfler* aus Nürnberg, (fchnitt
das Spanifche Wappen Philippus II. in einen Demant), Erhard *Dorfch*,
und deffen Sohn Chriftoph, aus Nürnberg, Gerhard *Valder*, aus
Strafsburg. — Im 18ten Jahrh. haben fich mehrere Italiener und
Deutfche in diefer Kunft als folche Meifter gezeigt, dafs ihre Gemmen den beften Griechifchen nahe kommen, ja felbft ihnen gleich
geachtet werden können. Z. B. Flavio *Sirleto* zu Rom, welch-
die fchönften antiken Statuen zu Rom in feinen Gemmen kor te,
Die Gruppe von Laocoon, in einen Amethyft gefchnitter fein
Mei-

*) S. Doppelmaiers Nachrichten von Nürnbergifchen ...uftlem. S. 198.

C

Meifterftück, im Cabinet des Grafen Besborough befindlich. Joh.
Coftanzi und noch mehr deffen Sohn Carl, aus Neapel, find auch
berümt; befonders lezter, der treflich in Demant fchnitt. Giuseppe
Torricelli, aus Florenz, kam den alten Griechifchen Steinfchneidern
fehr nahe. u. f. w. — So nähern fich auch den Griechen mehrere
deutfche Steinfchneider diefes Jahrh. Die berümteften find *Hübner*
zu Drefsden, von welchem viele Gemmen im Kurfürftlichen Schaze
find, *Glett* und *Baweg*, ein Böhme, beide zu Drefsden. *Dettelbach*
auch zu Drefsden, ein Schüler Gletts arbeitete glücklich nach den
Alten; er machte nicht viel Köpfe, fondern ganze Figuren und
fchwere Verftand erfordernde Stücke. Vornemlich aber find in diefer Kunft grofs Lorenz *Natter*, aus Biberach in Schwaben, welcher
1763 zu Petersburg ftarb, und Joh. Anton *Pichler*, ein Tyroler, welcher zulezt in Rom lebte. *Erfter* ahmte die Gründlichkeit, Schönheit und edle Einfalt der Griechifchen Gemmen mit fo glücklichem
Fleifse nach, dafs er feine Gemmen für Antiken hätte ausgeben
können, welches er jedoch nie that. *Lezter* ward felbft in Italien
und befonders in Rom für den gröfsten Steinfchneider gehalten. Auf-
fer diefen find noch berümt Gottfr. *Krafft*, aus Danzig, welcher zu
Rom arbeitete; von den Römern nur il Tedesco genannt, weil ihnen
die Ausfprache feines Namens zu fchwer fiel; Aaron *Wolf*, ein
Jude aus Mark-Brandenburg, der fich zu Livorno aufhielt, (eine
Leda mit dem Schwan in orientalifchem Stein ift von ihm berümt);
und unter den Franzofen Jaques *Guay*, aus Marfeille, welcher befonders gute Köpfe machte. — Ueberhaupt aber find die Deutfchen
in Cameen glücklicher gewefen, als in Intaglio's; im Tiefen haben
fich nur 'wenige' unter ihnen berümt gemacht, wenn man die Wap-
penfchneider ausnimmt, von welchen aber hier die Rede nicht ift.
S. Lippert Vorrede zur Dactyl. S. 70.

Die Neuern haben auch im Mechanifchen der Arbeit auf neue
Erfindungen und Verbefferungen gedacht. So hat Nicol. de *Revai*
in Paris, einen neuen Kunftgrif oder Grabmeifel (Rädchen) erfunden, mittelft deffen die Arbeit des Steinfchneiders um drei Viertel
verkürzt wird; und durch welchen, fo fagt man, man weit voll-
kommnere Stücke liefern könne, als felbft die Griechifchen find.
S. Hamburg. Magazin St. 109. S. 94. 95. Biblioth. der fchönen Wiff.
nd Künfte. Bd. 5. S. 383. *)

Cha-

*) Ueb ...
Lippe'ie Gefchichte der Steinfchneidekunft S. aufser Mariette, Natter,
in deffen Ge a. Büfching's Gefchichte der Steinfchneidekunft; und kürzer,
ehen. S. 161 ichte der zeichnenden fchönen Künfte S. 112 f. von den Grie-
n den den Römern; S. 182 f. von den Steinfchneidern des
15ten

Characteristik der schönen Griechischen Steinschneidekunst: Die Zeichnung ist richtig, edel und schön; und vermeidet alles Schroffe und Eckigte (Quadratische.) Die Umrisse sind correct und fein, und verschwinden in einer sanften Fläche, dafs man nirgends die Knochen unter dem Fleische hervorragen sieht. Die Theile des Körpers machten die Steinschneider der schönen Zeit rundlich und weich, und möglichst sichtbar, ohne einen derselben ganz zu verdecken. Sie zeichneten die Figuren von vorn, von hinten und seitwärts: im lezten Falle hatten sie den Vortheil, die Schönheiten sowol des hintern als des vordern Theils darstellen zu können. Figuren, die sich bücken und fast knieen, zeigen weiche Seiten und schöne schlanke Schenkel. Die Muskeln sind sanft angedeutet, und nur bei heftiger Anstrengung geschwollen und stark. Das Verhältnifs aller Theile des Körpers zu einander und zum Ganzen, ist genau beobachtet. An den Köpfen ihrer Figuren verbindet eine sanfte Linie Stirne und Nase, ohne merklichen Einbug zur Scheidung beider (das Griechische Profil.) Den Wurf der Gewänder bilden sie so geschickt, und die Gewänder selbst so fein, dafs die Glieder des Körpers und ihre schönen Verhältnisse durchscheinen. — Ungekünstelte Abwechslung und Mannichfaltigkeit, und zugleich Grazie und Anmut drückten sie in den Bewegungen und Wendungen des Körpers aus; die Stellung bildeten sie wolanständig, und die Handlung leicht, edel und grofs; die Figuren gruppirten sie mit Wahl und zweckmäfsig. Man erstaunt über die geschickte Composition der Figuren, besonders auf einigen sehr kleinen Steinen. Darstellung schöner Natur und glückliche Verbindung ausgesuchter Schönheiten zu einem schönen Ganzen war überhaupt ihr höchster Zweck; also Arbeit nach schö-

C 2   nen

15ten Jahrh.; S. 227 - 32. von denen des 16ten Jahrh.; S. 319 f. von denen des 17ten Jahrh.; S. 390 f. von denen des 18ten Jahrh. — Sulzer Theorie der schönen Wiss. Art. Steinschneider, nennt alte und vorzüglich neuere Stein - und Stempelschneider. Von der Geschichte des Aufblühens der Stein- und Stempelschneidekunst S. ebendas. Art. geschnittene Steine, und Art. Schaumünzen. — Vom Ursprung der Steinschneidekunst hat neuerlich auch R. E. Raspe gehandelt in der Einleitung zum descriptive Catalogue of a general collection of antient and modern Engraved Gems, Cameos as well as Intaglios. London 1791 2 Bde. gr. 4. wo er die grofsen und schnellen Fortschritte der Griechen in der gesammten Graphik geschildert, und die verschiedenen Epochen ihrer Kunst angegeben hat. Memorie degli Intagliatori moderni in pietre dure commei e gioje dal. sec.-XV. fino al sec. XVIII. Livorno 1753. Der Verfasser ist Andrea Pietro Giulianelli. Von diesem Buche sehe man Sulzer Theorie Bd. 2. S. 708 die Note. Es enthält die Geschichte der neuern Steinschneider aus Mariette, und beträchtliche Supplemente und Anmerkungen darüber.

nen Idealen und Bearbeitung folcher Süjets, die eine fchöne Darftellung verftatteten u. f. w.
Diefs war der Character Griechifcher Künftler und Steinfchneider, befonders in der fchönen Zeit, welche man etwa von Alexander dem Grofsen an rechnet. Allein hiemit wird nicht behauptet,
1) dafs nicht auch in anderen Zeitaltern einzelne Steinfchneider hie
und da den Künftlern der fchönen Zeit gleich gearbeitet haben; 2)
dafs nicht auch in der fchönen Zeit viele Künftler nur in einigen
Stücken vollkommne Werke geliefert, nach Verfchiedenheit des
Talents, der Anlernung und der Uebung. Einige waren vorzüglich in richtiger Zeichnung, andere im Ausdrucke von Characteren,
andere in der Compofition, andere in fchönen Stellungen und Umriffen, noch andere im Wurf des Gewandes, u. f. w. 3) Dafs nicht
auch eine Menge mittelmäfsiger und gemeiner Künftler in der Zeit
fchöner Kunft vorhanden gewefen, von denen noch Arbeiten in un-
feren Gemmenfammlungen übrig find. Denn alsdann erft blühet eine
Kunft und Wiffenfchaft in einem Lande, wenn auch eine Menge mittelmäfsiger und gewöhnlicher Köpfe fie zum Gegenftande ihrer Bemühungen machen; wiewol viele von diefen in der blühenden Zeit
eines Volks, durch grofse Mufter und Nacheiferung angefeuert, es
zu einem höheren Grade der Vollkommenheit bringen, als fie es in
einer andern Zeit und unter einem anderen Volke würden gebracht
haben. Ich geftehe, dafs diefe Bemerkung die Vertheilung der alten
Kunftwerke in die gehörigen Zeiten und unter die gehörigen Völker
etwas fchwankend und ungewifs mache, und dafs man alfo mit *Rafpe*
und andern eben fo wenig geradehin und ohne alle Einfchränkung
annehmen könne, was fchlecht und unförmlich, oder mit den erften
Gründlinien allein angegeben fei, fei altgriechiche Arbeit, als man
mit Gewifsheit fchliefsen darf, was fchöne Zeichnung und Arbeit ift,
fei defshalb auch Griechifche Arbeit, befonders der fchönen Zeit; es fei
dann, dafs gegen Coftume und allgemeine Künftlerfitte gefündigt ift.
Endlich 4) behaupten wir mit jenen Bemerkungen nicht, dafs die Künftler, und befonders die Steinfchneider immer Ideale der Schönheit und
nur folche Süjets, die des fchönen Ausdrucks fähig waren, darzuftellen
gefucht haben. Vielmehr, da fie wol gar oft beftellte Arbeit machen
mufsten, fo konnten fie nicht immer ihrer fchönen Phantafie, fondern mufsten gewifs oft dem Gefchmacke, der Phantafie und den
Einfallen des Beftellers der Arbeit folgen. Der alte Künftler, befonders aber der Stein - und Münzenftempelfchneider mufste dann auch
wol zuweilen die Grenzen der Kunft überfchreiten, und auch wol eine
Furie ohne diejenige Mäfsigung des Abfcheulichen und Schreckenden
bilden, welche das Gefez feiner Kunft von ihm fodert. Auch ver-

an-

anlafste ihn zu folchen Ueberfchreitungen feiner Kunftgrenzen felbft
die Symbolik feiner Religion, wie diefs gleich der Fall mit den
Furien ift· *) Indefs tritt diefe Nothwendigkeit für den Künftler
weit feltner in der alten Griechifchen Religion ein, in welcher faft
alles fchön und malbar ift, da hingegen mehrere gemeine Vorftellungen der chriftlichen Religion z. B. von der Hölle und ihrem Fúr-
ften, nebft den Miltonfchen poëtifchen Gemälden keine für die Kunft
darftellbaren Gegenftände find.

Wenn nun aber die alten Steinfchneider auch zuweilen nur
mittelmäfsige oder fchlechte Werke geliefert haben, und wenn die
grofsen Neuern viele vollkommen fchöne Arbeiten verfertigt haben, welche den alten gleich zu fchäzen find, wie oben erinnert
worden — *Wie unterfcheidet man ficher alte Gemmen von den neuern?*
Es giebt allerdings Kennzeichen, deren einige jedoch Vorzüge be-
treffen, welche auch an den Gemmen der beften neuern, z. B.
eines Natter, Pichler, Dettelbach, nicht vermifst werden; nämlich
1) die freie, edle und anmutige Zeichnung, die Einfalt und Natur
in allen Bewegungen, und überhaupt diejenigen Vollkommenheiten
der Griechifchen Kunft, welche vorher angeführt find. 2) Ein etwas fichereres Kennzeichen alter Gemmen ift der freie, tiefe und
fchöne glatte Schnitt, da hingegen in den neueren die Vertiefung
etwas gezwungen ift, und die heutige Art zu Poliren mehrentheils
die Schärfe des Schnitts verringert. Denn dafs die Neuern im erhobenen Schnitt vollkommner find, als im tiefen, ift oben bereits
erinnert worden. Indeffen haben einige neuere die Glätte und Fein-
heit des Schnitts der Alten auch im Intaglio gezeigt. 3) Das Befte
thut hiebei ein durch lange Erfahrung geübtes und dadurch mit dem
Griechifchen Künftlerftil vertraut gewordnes Auge, wie fich *Lippert*
erworben hatte. 4) Die bei alten Griechifchen Steinfchneidern
üblichen Süjets find auch kein ficheres Kennzeichen. Denn diefe
kopiren die Neuern oft auch gern. So ift Alexander ein bekanntes
Lieblingsfüjet moderner Künftler, die mit den alten wetteifern wollen. — Vorfichtigkeitsregeln find hiebei noch zwei zu merken.
1) Man hüte fich, dafs man nicht Gemmen, worauf die Namen der
Künftler mit Griechifchen Buchftaben ftehen, für ächt Griechifche
halte. Diefe Gewohnheit, welche fchon die Römer und nachher
auch einige neuere Steinfchneider hatten, ihre Namen mit Griechifchen Buchftaben auf die Gemme zu fezen, hat in das Gemmenftudium

---

*) S. Lefting's Unterfuchung über häfsliche Formen zur Erreichung des
Schrecklichen, im Laocoon S. 243 f.

dium keine geringe Verwirrung gebracht. Selbſt Kenner täuſchte
dieſs oft. So nahm Lippert die mit ϒδρ bezeichneten Steine für
Werke eines Griechen; allein *Natter* ſchrieb ſich ſo des antiken
Coſtums wegen. *Aleſſandro Ceſari* im 16ten Jahrh., den man il Greco-
nannte, ſchnitt auf ſeine Gemmen Αλεξανδρος εποιει; folglich iſt
der vorgeblich Griechiſche Steinſchneider wahrſcheinlich kein anderer, als dieſer. Und Giuseppe *Toricelli*, aus Florenz, in dieſem
Jahrh., der den guten Griechiſchen Steinſchneidern ſehr nahe kam,
ſezte ſogar die Namen dieſer auf ſeine Arbeiten *), da hingegen der
ehrliche *Natter* auf ſeinen beſten Arbeiten im Griechiſchen Geſchmack
ſich nie einen ſolchen Betrug erlaubte. Jedoch oft verräth ſich dieſe
Täuſchung durch Unkunde der Griechiſchen Schrift. Z. B. im
Muſeum Franciau. Pa. 1. no. 360. — 2) Man hüte ſich Glaſspaſten
für wirkliche Steine anzuſehen, welches wegen ihres ſehr harten
Glaſses leicht geſchehen kann; an Stahl geſchlagen geben einige ſogar Funken. Bei Coburg in der kleinen Gette wird durch Hülfe
eines Fluſsſandes ſo hartes Glaſs bereitet. Beſonders verſtand man
im mittleren Zeitalter 'ächte Steine von dergleichen unächten gar
wenig zu unterſcheiden. Dieſs beweiſt unter andern die Miſchung
beiderlei Arten in der Befezung alter Kronen und andrer Kleinode,
der Altäre, Reliquienbehälter u. ſ. w. Ein auffallender Beweis davon iſt der ſo gerümte groſse Smaragd, welchen Carl der Groſse der
Ahtei Reichenau bei Conſtanz ſchenkte, und der, wie man jezt weiſs,
nichts als eine grüngefärbte Glasmaſſe iſt. Eben dieſs hat *la Conda-
mine* von dem ſo theuer geſchäzten ſmaragdnen Gefäſs in der Dom-
kirche zu Genua erwieſen. — Endlich bemerke ich noch : in man-
cher Rückſicht z. B. für den Kunſtliebhaber könnte es ziemlich
gleichgültig ſein, ob ein Stein wirklich aus dem Altertum, oder ob
er das ſchöne Werk eines neuern Künſtlers im ächtgriechiſchen Ge-
ſchmacke ſei, da es ihm nur auf Güte und Schönheit der Zeichnung
und Arbeit ankommt, wenn nicht gewöhnlich für antike oder dafür
ausgegebene Gemmen ein ungleich höherer Preis verlangt würde,
als für die beſten neuern. **)

IV.

---

*) Lippert Dactyl. Bd. 1. no. 329 Bd. 2. no. 13. 314. Winkelmann deſcription
des pierres gravées du B. de Stosch S. 560 no. 101.

**) Die Materie vom mannichfaltigen Nuzen und Gebrauch der
alten geſchnittenen Steine übergehe ich, da Kloz in einem beſon-
dern Werk (Altenburg 1768. 8.) ausführlich davon gehandelt hat. Nur dieſs
einzige berühr ich, daſs man aus keiner Art von Antiken die geſammte alte
Künſtlerſabel d. h. alle Sujets, welche Künſtler darzuſtellen pflegten, und den
gan-

IV. Anzeige einiger der vorzüglichften noch übrigen antiken Gemmen.

Eine grofse Anzahl vorzüglicher antiker Gemmen hier anzuführen und zu befchreiben, würde nicht zweckmäfig fein. Befchreibungen von fchönen Kunftwerken find ohnehin ein unzureichendes Mittel, fie andern hell vor die Phantafie hinzuftellen. Entweder mufs Begeifterung dszu kommen, um Intereffe daran zu erregen, und man mufs recht eigentlich für die Phantafie fchildern; aber dann ift die Befchreibung nicht leicht getreu; oder Zeichnung, als Belag, mufs durch finnliche Darftellung zu Hülfe kommen. Wer indeffen einige der fchönften antiken Gemmen kennen lernen will, der fehe Winkelm. Gefch. der Kunft S. 552-555. Die Gemme mit den fünf Thebanifchen Helden hält er für den älteften gefchnittenen Stein in der Welt, und die Buchftaben darauf mehr für Pelasgifch, als für Hetruskifch; die Gemme mit *Tydeus* hergegen hält er für das vollkommenfte Hetruskifche Werk, das wir noch haben. S. deffen Defcription des pierres grav. du B. de Srofch S. 334. nu. 172. und S. 348 nu. 174. Letzter ftehet auch als Schlufsleifte in defielben Gefch. d. Kunft S. 186. Eine der fchönften Gemmen aus dem Altertume ift ebendaf. S. 221 gegeben, um einen allgemeinen Begriff von griechifcher Kunft zu machen, welche den *Thefeus* vorftellt, wie er die von ihm erfchlagene Laia mit Reue und Mitleid betrachtet. — Aber einige der gröfsten und berümteften Gemmen, welche *Chrift* in den Abhandl. über alte Kunftw. S. 292 fchon als folche ausgezeichnet hat, will ich kürzlich befchreiben.

1) Die *gemma Augufta*, der Wiener Achat genannt, (wiewol es ein Onyx ift) ift ein fehr trefliches reich componirtes Kunftwerk, eine hoch erhobene Camee, worauf die Vergötterung des Auguftus und der Livia vorgeftellt ift. Auguft fitzt als Jupiter Olympius auf dem Throne, hinter ihm Cybele, die ihn kränzt, und neben ihm Nep-

---

ganzen Umfang der fchönen und reichen Phantafie der Alten fo vollftändig erlernen könne, als aus gfchnittenen Steinen. So hat z. B. Kloz am a. O. S. 195-224 alle Vorftellungen vom Amor, von feiner Macht, von feinen Handlungen und Thaten, welche auf alten Gemmen vorkommen, gefammlet, um den Reichthum und die Schönheit der Bilder zu zeigen, unter welchen die Alten die Liebe, ihre Reize, Macht u. f. w. vorftellten, (welchen Abfchnitt Leffing wie die Alten den Tod gebildet S, 11 zn hart beurtheilte.) Gleich die im Titelkupfer des Buches mitgetheilte Gemme: Amor als Bildhauer, der am Kopfe des weifen Socrates etwas meifeln will, welch ein niedliches Bild zur Darftellung der Idee, dafs die Liebe die ftrenge Phlofophie des Weifen mildre !

Neptunus, anzudeuten feine Siege zu Waſſer und Lande. Neben ihm ſitzt Livia als Dea Roma auf Waffen; und neben dieſer ſteht ihr Sohn Germanicus. Ihr zweiter Sohn Tiberius ſteigt von einem Triumphwagen herab, welchen hinter dem Tiberius eine Victoria regiert. Auf der andern Seite ſtehet, neben Auguſt, Agrippina, des Germanicus Gemalin, als Felicitas publica mit dem Füllhorn und neben ihr zwei Genii. In dem untern Felde errichten Einige ein Siegesdenkmal (tropaeum) wegen Ueberwindung der Dalmatier. — Durch ſchöne Zeichnung, ſanfte Arbeit und gute Anordnung der Compoſition zeichnet ſich dieſe Camee aus. — Die Johanniter Ritter brachten ſie mit aus Jeruſalem, und ſchenkten ſie dem König Philipp dem Schönen. Aus dem Franzöſiſchen Muſeum ward ſie nachher im Kriege geraubt, und kam für 12000 Ducaten an Kaiſer Rudolph II. — Zeichnungen davon ſtehen in Lambecii Catalog. Biblioth. Vindobon. B. 2.; und in Alberti Rubenii diſſ. de gemma Tiberiana et Auguſtea, welche in Graevii Theſaur. Rom. antiquit. Bd. XI. S. 1328 befindlich iſt; auch in Montfaucon antiqu. explic. Bd. V. pl. 128. — Noch eine andere gemma Augſta, worauf Auguſt als Jupiter und Livia als Juno auf einem mit Centauren beſpannten Wagen nach dem Olymp fahren, ſtehet in Cuperi Apotheoſis Homeri S. 203; es iſt aber nicht bekannt, wo das Original davon befindlich iſt.

2) Der *Tiberianiſche Achat*, auch Camee de St. Denis von einer Capelle dieſes Namens in Paris genannt, iſt auch eine vorzügliche reich componirte Gemme. Sie iſt als ein Familienſtück für die Auguſtiſche Familie zur Zeit des Tiberius gearbeitet. Sie enthält drei Felder, worauf zuſammen 25 Figuren ſtehen; auf dem obern Felde nämlich ſind die damals bereits Verſtorbenen, aus der Auguſtiſchen Familie angebracht, alſo Auguſt ſelbſt. Germanicus u. ſ. w.; im Mittelfelde die damals noch Lebenden, alſo Tiberius ſelbſt, ſchon als Gott vorgeſtellt, und neben ihm Livia, ſeine Mutter, als Felicitas publica; im untern Felde ſtehen überwundene Nationen. — Abbildungen finden ſich, auſſer im Mariette, Montfaucon und Rubenius am vorher angeführten Orte, in le Roy Achates Tiberianus, Amſterdam 1683. fol.

3) Die Gemme, *Cachet de Michel Angelo* genannt, im Pariſer Cabinet befindlich. Nachdem Madame la *Hay*, unter dem Namen Demoiſelle *Cheron* berümt, dieſe Gemme zuerſt in einem Kupferſtiche bekannter gemacht, entſtand über die von ihr gemachte Unterſchrift: es ſei eine Weinleſe, ein Streit der deutenden Meinungen, von welchen ſehr viele offenbar ganz verwerflich ſind. Lippert in der Beſchreibung ſeiner Daktyliothek Bd. 1. S. 145-150 hat die Geſchichte der Meinungen darüber gegeben, unter welchen er ſelbſt einer ſehr unwahrſcheinlichen Meinung des Prof. Roſsmann zu Erlangen: daſs
dar-

darauf das Geburtsfeſt des Bacchus und Alexander vermiſcht vorgeſtellt werde *), Beifall giebt. Offenbar ſcheint darauf eine ländliche
Scene und unſtreitig eine Weinleſe vorgeſtellt zu ſein. Dahin deutet
das in Italien übliche Zelt, zwei mit einem Tuche überzogene Bäu-
me, und die Figuren alle, welche mit etwas zur Weinleſe gehörigem,
beſchäftigt ſind. Da der Held mit dem Pferde hinter ſich auch eine
Schale hält, ſo macht er meines Bedünkens keine erhebliche Schwierigkeit gegen dieſe Erklärung. Willkühr der Künſtlerphantaſie,
Mannichfaltigkeit der Compoſition, Abſtich der Gruppirung kann
ſein Daſein entſchuldigen oder rechtfertigen. **) — Uebrigens iſt
dieſe Gemme ein Meiſterſtück ſchöner Compoſition und des Graziö-
ſen. Beſonders ſchön ſind zwei weibliche Figuren, deren eine ſich
bückt, um ein Körbchen, das ihr die andere auf den Kopf ſezt, zu
empfangen. Von der natürlichen Schönheit beider Figuren gerührt,
brachte ſie Michel Angelo (Buonarotti) in einem Plasfondgemälde
der ſixtiniſchen Capelle im Vatican an.
Woher der Name dieſer Gemme: Cachet de Michel Angelo? Eine Sage
ſpricht: (S. Lippert am a. O.), dieſe Gemme ſei einſt des Michel
Angelo Siegelring geweſen; dieſer habe ihn in Italien für 800 Scudi
gekauft (aber von wem?); dann ſei er an den Französiſchen Par-
lamentsadvocaten Boggaris und von dieſem an Sicard de Lanthier
den älteren gekommen; von dieſem habe ihn Ludwig XIV. für
8000 Livres gekauft. Allein ob Michel Angelo dieſe Gemme wirklich beſeſſen habe, iſt eben ſo ungewiſs, als ob ſie wirklich aus dem
Altertume ſei. Erſter Zweifel würde ſich durch vielleicht noch in
Italien vorhandene Briefe deſſelben heben laſſen. Aber gegen das
Altertum dieſer Gemme ſpricht im untern Felde derſelben der kleine
angelnde Fiſcher. Wahrſcheinlicher iſt daher eine andre Sage, daſs
der Italieniſche Steinſchneider Maria da Peſcia dieſe Gemme nach
einer Zeichnung des Michel Angelo geſtochen, und durch den kleinen angelnden Fiſcher ſeinen eigenen Namen angedeutet habe; welches

---

*) R o f s m a n n, ein Schüler Chriſt's, gab dieſe Deutung in einer academiſchen
Schrift, und nachher deutlich in den Erlang. gelehrten Zeit. 1749 no. 32. Den.
Helden mit dem Pferde hält er für den Alexander mit dem Bucephalus·

**) Eine neue Erklärung von dieſer Gemme gab T h i e r b a c h, Corrector der
Schule zu Guben in der Lauſiz. Dieſe hat Raſpe laut ſeines eigenen Geſtänd-
niſſes (in der Beſchreibnng von Taſſie's Gemmen.S. 274 f.; wo er ihn fälſch-
lich Thierheim nennt), in der allgem. deutſchen Bibl. angezeigt. Bd. 16.
St. 2. S. 636. T h i e r b a c h glaubte, es ſeien darauf die großen Panathe-
näen (ein Feſt zu Ehren der Minerva in Attica alle fünf Jahr gefeiert) darge-
ſtellt.

D

ches der Sitte der Künftler damaliger Zeit völlig gemäfs ift. — Kopeien diefer Gemme ftehen im Mariette Bd. 2. no. 47. und im Lippert Taufend 1. no. 350.

4) *Der Achatonyx im Herzoglichen Mufeum zu Braunfchweig*, welcher als Vafe gearbeitet ift, und 12 Figuren in dreien Feldern enthällt. Im erften Felde ift eine weibliche fizende Figur, und daneben ein Jüngling mit Früchten ; dann noch eine Figur mit Früchten und ein Bock ; endlich eine gehende Figur mit einem erwürgten Schweinchen. Im Mittelfelde find zwei Figuren auf einem mit Drachen befpannten Wagen, hinten ein Tempel, unten eine liegende Figur. Das dritte Feld enthält eine Höle oder Laube, nebft mehrern Figuren, worunter eine Phrygifch gekleidet ift. *Eggeling* in feinen Myfteria Cereris et Bacchi. Bremen 1682. 4., welches Werkchen auch in Gronovs thefaurus graecar. Antiqui. Bd. VII. no. 6. S. 57 fteht, hält das Ganze für Myfterien der Ceres und des Bacchus. Weit wahrfcheinlicher ift diefs wenigftens, als die Meinung des Verfaffers der Befchreibung des Mantuanifchen Gefäfses, welches im Braunfchweig. Naturaliencabinet vorhanden; welcher es blos für eine ländliche Scene anfieht. Denn auf Myfterien fcheint mir felbft die fymbolifche liegende Figur zu deuten, welche von einigen vielleicht etwas zu voreilig getadelt worden ift; da diefe Sage fehr wol auf einen in den Myfterien üblichen Gebrauch deuten kann. — Die Compofition und Gruppirung ift auf diefer Vafe nicht fo tadelsfrei, als die einzelnen Figuren. — Diefe Vafe war ehedem in der Gemmenfammlung des *Gonzaga* zu Mantua.. Bei der Plünderung ward das ganze Cabinet von den Deutfchen zerftreut, unter welchen fich auch der Herzog Franz Albert befand. Diefer kaufte diefe Vafe für hundert Ducaten von einem deutfchen Soldaten, der fie des Goldes wegen (denn Schneppe, Griff und Deckel find von Golde) zerfchlagen wollte.

5) Die berümte *Barberini* - jezt *Portland* - *Vafe*, gehört nur hieher, in fofern einige glauben, dafs fie ein murrhinum fei, und in fofern wir auch einiger als Vafen gefchnittenen berümten Gemmen gedenken müffen. Allein andere, z. B. *Caylus* und *Winkelmann*, halten die Maffe derfelben für Glafs, welche Meinung auch neuerlich *Wedgwood* beftetigt hat. Man fand diefe Urne, mit Afche angefüllt, fammt ihrem treflich gearbeiteten Sarcophag *) in einem grofsen unter-

ter-

---

*) **Sarcophag** ift eigentlich ein Stein, der in Thracien gebrochen wurde ; und, weil er die Eigenfchaft hatte, dafs er das Fleifch fchneller verzehrte, erhielt er diefen Namen (Fleifchverzehrer.) In der alten Kunftfprache braucht man aber diefen Namen für den Kaften, worin die Afchenurne ftand. Die Reliefs auf diefen Sarcophagen und ihren Urnen find ein fchwerer Theil der Hermenentik
der

terirdifchen Begräbnifsgewölbe unter Pabft Urban VIII., aus dem
Haufe Barberini alfo zwifchen 1623 und 1644. Keine Infchrift leitete
hier die mutmafsende Erklärung. Jedoch wahrfcheinlich fand man
es, dafs es der Sarcophag und Afchenkrug für den Alexander Seve-
rus und für die Julia Mammaea, feine Mutter gewefen. Der Sarcophag ward ins Mufeum des Campidoglio gebracht, wo er noch
jezt fteht, die Vafe aber in die Barberinifche Bibliothek. Ungefähr
100 Jahr darauf kaufte fie zu Rom William *Hamilton*, und überliefs
fie dann zu London wieder der Herzogin von *Portland*. Beim Ver-
kauf des Mufeum derfelben erftand der jezige Herzog von *Portland*
diefe Vafe für etwa 1000 Guineen. Sarcophag und Urne find mit
treflichen Reliefs verziert, deren Erklärung mehrere Gelehrte be-
befchäftigt hat. Winkelmann glaubte auf der Urne die Fabel von
der Thetis vorgeftellt zu fehen, die aufser andern Geftalten auch
die Schlangengeftalt annahm, um den Nachftellungen des Peleus zu
entgehen. Weit wahrfcheinlicher aber ift *Veltheim's* Mutmafsung,
über die Barberini-oder Portlandvafe, Helmftädt 1791 8. Diefer
hält das Relief am Sarcophag für den Streit des Achilles und Aga-
memnons wegen der Brifeis; und auf der Vafe glaubt er, fei die Gefchichte der Alcefte vorgeftellt, welche Hercules dem Admet aus
der Unterwelt wieder zurückführt. Ein paffendes Sujet für einen
grofsen Römer, der feiner abgefchiedenen geliebten Frau ein Grab-
mal errichtete, in welchem er einft mit ihr wieder vereinigt werden
wolite. — Die Reliefs aller Seiten des Sarcophags und der Urne
ftehen in Bartoli monument. fepulcral., in Gronov. thefaur. graec.
antiq. Bd. XII. S. 68. Fig. LXXX - LXXXVI.; aber nicht fehr correct. Pirancfi hat fie am beften geftochen. *Wedgwood* zu London
hat diefe Vafe mit Erlaubnifs des Herzogs von Portland nachgeformt,
und zwar mit fo viel Kunft, dafs das Transparente der weifsen Reliefs

der Antiken. Denn weit gefehlt, dafs hierauf Sujets, die fich auf den Tod,
das Leben und die Schickfale der Familie der Todten beziehen, vorkommen
follten, deren Erklärung weniger fchwer fallen würde; fo find dagegen Baccha-
nalien, Tänze, die frölichften Scenen des Lebens, entzückende Umarmungen,
und allerlei Sujets aus der mythifchen Gefchichte darauf ausgedrückt, die nichts
mit Todesgedanken gemein haben. Auch wol willkürliche Künftlerphantafien
und Compofitionen von zwecklos zufammengeworfenen Figuren, die der Künftler gut zu machen gelernt hatte? Wir wollen es nicht ganz läugnen. Aber
auf wie viele Fabeln kann angefpielt fein, von denen wir bei dem grofsen Ver-
luft der alten Schriftfteller kein Jota mehr wiffen. Man denke an die Anfpielun-
gen der Alexandrinifchen Dichter.

liefs auf dunkelblauem Grunde durch die Nachformung diefer Reliefs auf fchwarzem Bafaltgrunde fehr glücklich erreicht ift. *)

6) Eine eigene Art von fuperftitiöfen Steinen find keinesweges um der Schönheit der Gravure willen (wenn man etwa diejenigen ausnimmt, in welche ein fchöner Stern gegraben ift, gemmae aftriferae), fondern hauptfächlich als Denkmale der Verirrungen und der thörichten Meinungen des menfchlichen Verftandes merkwürdig. Es ift unter Gelehrten allgemein bekannt, dafs vor, zu und nach Chrifti Zeiten der Aberglaube aller Art unter den Völkern Afiens, befonders in Paläftina, Aegypten u. f. w., fo ausgebreitet war, und fo mächtig herrfchte, dafs felbft Menfchen, die übrigens einfichtsvoll und klug waren, davon ergriffen waren. Zu diefen abergläubigen allgemein verbreiteten Meinungen gehörte auch der Glaube an den Einflufs der Sterne auf die moralifche und phyfifche Welt, d. h., auf den Charakter, den Willen, die Leidenfchaften, auf die Schickfale und das Glück der Menfchen. Infonderheit glaubte man feft an den Einflufs des fogenanten Geburtsfterns. Man fuchte alfo die Conftellation feiner Geburtsftunde (thema genethliacum) auf; man fahe, in welchem Himmelszeichen die Sonne, in welchem Verhältniffe die übrigen Planeten und Sterne in der Geburtsftunde eines Menfchen geftanden. Nun hatte man jedem Planeten und jedem Sternbilde im Zodiacus gewiffe Eigenfchaften beigelegt, welche Beziehungen auf das Sternbild oder auf den Namen des Planeten hatten, und folglich etwas ganz Willkührliches waren. Diefe Eigenfchaften des Planeten oder Sternbildes, in welchem die Sonne in der Geburtsftunde eines Menfchen geftanden, glaubte man, würden diefem mitgetheilt; fo dafs, wer z. B. unter dem Löwen geboren worden, ftark, muthig und tapfer werde, wer unter dem Saturn geboren worden, zum ftrengen und mürrifchen Ernft und zur Graufamkeit geneigt fey. — Und nachdem man einmal hievon ausgegangen, fo war der Schritt

zu

---

*) Jofias Wedgwood defcription abregée du Vafe Barberini, et de la methode, que l'on a fuivie pour en former les Bas - reliefs; accompagnée des conjectures fur les Sujets, qui y font reprefentés. London 1790 mit beigefügter Zeichnung der Reliefs. Er hält das Ganze für allegorifche Darftellung vom Tode eines Mannes, der die Stüze feines Haufes war, vom Eintritt deffelben ins Leben der Unfterblichkeit, und der Erfcheinung vor dem Richter der Unterwelt. S. Allg. Lit. Z. 1790 no. 291. Eine umftändlichere Befchreibung diefer Vafe nebft einer Anzeige aller bisherigen Erklärungen davon gab Wedgwood in englifcher Sprache. London 1790 S. Allg. Lit. Zeit. 1791 no. 235; wo alle bisherigen Erklärungen der Reliefs diefer Urne ausgezogen find. Jene kürzere Befchreibung in Franzöfifcher Sprache ftehet auch als Supplement an Wedgwood Catalogue des Camées, Intaglio's etc. London 1790 8.

zu dem Glauben an den Einfluſs der Sterne auf die Schickſale, das
Glück und die Lebensdauer des Menſchen überhaupt gar leicht gethan. Es fanden ſich daher gar bald Leute, welche ſich auf dieſe
Deutungsart legten, dieſe Sache methodiſch trieben, und ſie ſogar
in ein Syſtem brachten. *) Sie hiefsen nicht nur *Chaldäer* (Nativi-
tätſteller), ſondern hatten auch die ſonſt ehrwürdigen Namen *Aſtrologen* und *Mathematiker.* **) — Ein folgender Schritt war: wer ſein
thema genethliacum oder ſein Geburtszeichen mit der Conſtellation
der Planeten durch den Aſtrologen ſamt deſſen bedeutendem Einfluſſe
hatte kennen lernen, wünſchte es als einen geliebten Gegenſtand der
Phantaſie ſich auch oft ſinnlich vergegenwärtigen, und Auge und
Herz daran ergötzen zu können. Er liefs es daher vom Steinſchneider in eine Gemme graviren, welche er im Ringe oder am Halſe
trug. — Den letzten Schritt endlich thaten Narren oder Betrüger,
welche behaupteten : man könne den Einfluſs des Geburtsſterns auf
Charakter, Schickſal und Lebensdauer, durch die Gravure in Gemmen bannen und fixiren, und eine ſo gravirte Gemme, im Ringe
oder am Halſe ſtets getragen, vermöge Unglück und Krankheiten
abzuwenden. ***) Dieſe Steine, gemmae aſtriferae genannt, machen
eine eigene Claſſe aus, wovon die Schriften unten genannt werden
ſollen. Sehr viele von ihnen haben eine ſchöne Gravure, und gehören

*) Von den Sternen, den himmliſchen Zeichen und ihrem Einfluſse bei der Ge-
burt ſchrieb J u l i u s M a t e r n u s F i r m i c u s acht Bücher, welche noch vorhanden ſind, worin er alles das abgehandelt hat, was man damals davon
glaubte.

**) Von dieſen Thoren oder Betrügern ſind'die Befehle der Römiſchen Kaiſer,
de Mathematicis ex Italia pellendis, deren Tacitus und andere öfters gedenken,
zu verſtehen.

***) In ſofern heiſſen dieſe Steine A m u l e t e, vielleicht ab a m o l i e n d o mor-
bos et mala, oder von a m u l a i. e. vas ſacrum expiatorium. Sonſt heiſſen
auch Bilder mit oder ohne Charactere und Buchſtaben, deren man ſich zur ver-
meintlichen Hervorbringung wunderbarer und aufserordentlicher Wirkungen
bedient, T a l i s m a n e. Mit dem Worte iſt die Sache aus dem Morgenlande
gekommen. Denn צלם heiſs im Hebr. und Arab. ein B i l d; und bei den
Türken heiſsen noch die Prieſter, die ſich damit abgeben, T a l i s m a n e s, S.
A r p e de Talismanibus et Amuletis. Hamburg 1717 8.; wo auch andere Schrif-
ſteller darüber verzeichnet ſind. — Bei den Griechen waren auch M a s k e n,
unter andern auch auf Gemmen, Entzauberungsmittel. S. B ö t t i g e r über
das Wort Maske und über die Abbildungen der Masken auf alten Gemmen, im
Neuern deutſchen Merkur J. 1795 St. 4. S. 337 - 357, wo auch vieles von den
magiſchen Gemmen und den ſpätern Abraxas vorkommt.

ren alfo noch zu den Werken des fchönen Altertums. Sie enthalten entweder blos einen Stern, oder die Sonne,. den Mond, oder den ganzen Thierkreis. In den beiden letztern Fällen, wo der Geburtsitern gar nicht oder nicht einzig eingefchnitten ilt, fcheint der Belitzer denfelben vielleicht deswegen in petto behalten zu haben, damit man ihm denfelben nicht befchwören, und feinen Einflufs dadurch unwirkfam oder wol gar fchädlich machen möchte. — Zu und nach Chrifti Zeiten grub man in dergleichen geftirnte Steine auch Buchftaben und Formeln, denen man eine magifche Kraft zufchrieb. — Endlich fieng man, befonders in Aegypten und dem Morgenlande, auch an, Hieroglyphen und allerlei fymbolifche Zeichen, denen man magifche, beglückende oder verwahrende Kräfte, befonders unter Begleitung von Schrift, *) zufchrieb, in Gemmen zu graben, z. B. Symbole von Aegyptifchen Gottheiten und Dämonen, Menfchenfiguren mit Thierköpfen, Thiergeftalten mit Menfchenköpfen u. f. w. **) Die Juden liefsen Engel, Erzengel, den Jehova oder den Namen Adonai hineingraben;. die Chriften Chriftus, das Kreuz, eine Taube, oder ein ähnliches chriftliches Symbol. Auf den Steinen beider kommt öfters koptifche Schrift vor. Alle diefe Gemmen mit folchen zwar bedeutfamen aber gefchmacklofen Figuren und mit Schrift, befafst man jetzt unter den allgemeinen Namen *Abraxas*, obwol nur auf einigen derfelben diefer Name mit Griechifchen oder andern Buchftaben eingefchnitten ift. ***)

Woher

---

*) Dann heifsen fie gemmae literatae.

**) So kommt der Cneph, ein phönicifcher und aegyptifcher guter Dämon unter der Geftalt einer Schlange vor, die fich auf einem Altar in die Höhe richtet, bei Lippert Taufend 1. no. 884; no. 885 mit menfchlichen Leib und Armen; . no. 897-898 in menfchlicher Geftalt mit einem Löwenkopfe: in der Rechten hält er eine gekrümmte Schlange, in der Linken einen Büfchel Aehren; Coptifche Schrift ilt dabei. .

***) Schriften über diefe Gattung von Gemmen find: Joh. Macarii Abraxas, five Apiftopiftus de gemmis Bafilidianis cum commentar. Joh. Chifletii. Antwerp. 1657 4. Beaufobre hift. de Manich. Bd. 2 S. 51 f. hat diefe Abraxas nicht genug unterfucht, welche Macarius herausgegeben hat. Denn er behauptet, keiner fei Bafilidianifch. Richtiger ift feine Behauptung, dafs diefer Jean l'Heureux diefe Steine ohne alle Auswal gefammelt habe. — Prodromus Iconicus fculptarum gemmarum Bafilidiani, amuletici atque talismanici generis, ex Mufeo Antonii Capelli, Venedig 1702 fol. enthält 272 folcher Steine. Diefe Sammlung ift jezt zu Caffel. — Gemmen mit Sternen enthält: Gorii thefaurus gemmarum aftriferarum. Florenz 1753 3 Bde. Was im 2ten Bde. diefes Werks von den Bafilidianifchen Gemmen ftelt, ift weit brauch-

Woher dieſer Name *Abraxas?* *Baſilides*, ein chriſtlicher *Haereti-*
cus zu Zeiten Trajans, ſoll dieſe Art von geſchnittenen Steinen als
aberglaubiſche Verwahrungsmittel zuerſt eingeführt haben. Die Ba-
ſilidianer und Carpocratianer, welche mit dem allgemeinen Namen auch
Gnoſtiker heiſsen (denn ſie waren Parteien oder Secten der Gnoſtiker), nahmen 365 Himmel an, und nannten den erſten dieſer Himmel *Abraxas*, welcher Name, mit Griechiſchen Buchſtaben geſchrie-
ben, die Zahl 365 in ſich ſchliefst, *) weil der erſte dieſer Himmel, als Wohnort des höchſten Wefens, über alle übrige erhaben ſei
und alle beherrſche. Sie nannten daher auch das höchſte Weſen
(aeon, mundis omnibus praefectus) ſelbſt *Abraxas*, und drückten es
durch dieſen Namen auf Steinen aus, wie der Jude durch Adonai
und Jehova. S. Irenaeus adu. Haereſes 1, 24. Tiedemann de origine et progreſſu Magiae S. 70-73. Eben ſo auch bedeutet der Name
Mithras, welcher oft auf dergleichen Gemmen vorkommt, die Zahl
365, wenn man, wie vorhin gezeigt iſt, ihn mit Griechiſchen Buchſtaben μειθραϛ ſchreibt: und iſt ebenfalls Symbol der Gottheit, als
des Schöpfers aller Himmel. Uebrigens bemerke ich noch, daſs
Münter im Verſuch über die kirchlichen Altertümer der Gnoſtiker
(Anſpach 1790) eine neue aber ſehr gezwungene Ableitung des Na-
- mens

brauchbarer, als des Macarius Werk. — Eine Sammlung von Gemmen mit
Schrift hat gemacht: Franc. Ficoroni gemmae antiquae literatae, aliaeque
rariores; accedunt vetera monumenta cum adnotatt. ed Nic. Galeotti cum
Fig. Rom 1757 4. — Nicht blos auf den ſuperſtitiöſen Steinen oder Abraxas,
findet ſich Schrift, ſontern auch auf den ächtgriechiſchen, aber hierauf immer mit
Figuren. Hier enthalten ſie entweder den Namen deſſen, der das Petſchaft
hat ſtechen laſſen, oder des Steinſchneiders, oder eine Formel, einen Wunſch.
ſelten den Namen der Figur oder die Angabe, was ſie vorſtellen ſoll. Aus dem
Winkelman. Catalog des Stoſchiſchen Cabinets ſind die Gemmen mit Schrift
zuſammengeſtellt, von Zeune in Chriſt's Abhandlungen über die Lit. und
Kunſtw. S. 280 - 291.

*) $\alpha = 1$
$\beta = 2$
$\varrho = 100$
$\alpha = 1$
$\xi = 60$
$\alpha = 1$
$\varsigma = 200$
—————
365.

mens Abraxas aus dem Coptifchen angegeben hat, nemlich von Ber-
re-fadji (Λογος καινος) der geheime Name der Gottheit. *) .

V. Anzeige der beften noch vorhandenen Sammlungen ge-
fchnittener Steine. **) (Dactyliotheken.)

1) Die erfte Sammlung in neuern Zeiten legte der Herzog Gonzaga zu Mantua an.
2) Dann die Familie Farnefe zu Parma, wohin Margarita Farnefe, Tochter Carls V., viele Gemmen mitbrachte. Als das Haus Farnefe zu Parma ausgieng, kamen fie an Don Carlos. Als diefer König von Neapel ward, kamen fie dahin, wo fie noch im Pallafte Ca-
po di Monte vor der Stadt befindlich find.
3) Die gröfste Sammlung in Florenz, und vielleicht in ganz Italien, legte *Lorenzo de Medicis* an. Sie befteht aus 3000 Gemmen, wovon 800 als moderne anerkannt werden. Im Mufeum Florent. Bd. 1
und 2. find die beften davon, über 1200, abcopirt. ***) — Die befte
Privatfammlung aber hat zu Florenz die Familie *Strozzi.*
4) Zu Rom ift merkwürdig die Sammlung des Don Livio *Odef-
chalchi*, welcher die Königin Chriftina beerbte. Es wurden 43 Planchen davon in Kupfer geftochen, welche felten find. Im Mufeum
Odefchalc. Rom 1727 find fie von neuem abgezogen. ****)

5) Die

---

*) Abraxas und Amulete ftehen im Lipperts Dactyl. Taufend 1, uo. 623.
667. 663. 884. 885. 897-906. 927. Taufend 2, no. 1067 und 68. Taufend 3,
mythol. Abtheil. no. 501-504, und hiftorifche Abtheil. no. 465.

**) Bei den Alten legte zu Rom die erfte Dactyliothek Scaurus, der Stieffohn des
Sulla an, welche, wie die erfte Bibliothek, welche Pififtratus zu Athen an-
legte, fehr dürftig gewefen fein mag. Pompeius, der Grofse von feinen
Schmeichlern genannt, führte, bei der Plünderung des Mitradatifchen Scha-
zes, auch die Gemmen mit fort; und legte darauf die Sammlung derfelben
im Capitol nieder, wo er fie dem Jupiter weihte. Caefar machte ebenfalls als
Dictator fechs Sammlungen im Tempel der Venus genetrix, fo wie M. Mar-
cellus, der Sohn der Octavia, im Tempel des Apollo Palatinus eine errichtete. S. Plinius 37, 5.

***) S. auch Le Mufeum de Florence, ou Collection des pierres gravées, ftatues
et medailles du Cabinet du grand Duc de Tofcane, deffiné et grave par Fr. A.
David, auec des explications francoifes. Paris 1787 6 Bde. 4. (320 Livres.)

****) Winkelmann Briefe Bd. 1 S. 92 verfichert, in Rom fei keine Sammlung
von gefchnitteten Steinen, als bei den Jefuiten : die Engländer kauften alles
weg, und in ihrem Lande fehe es niemand, als fie.

5) Die Sammlung des Anton Maria *Zanetti* zu Venedig, welche unter dem Titel: Dactyliotheca Zanettiana, auf 80 Planchen, in Kupfer geftochen und von *Gorius* erläutert ift, Venedig 1750 fol. Aber diefe Cameen Zanetti's hielt Winkelm. (Briefe an Schweizer S. 25) merenteils für neue Gemächte. — Eben fo hat Gorius die Sammlung *Smith's*, des Englifchen Gefandten zu Venedig, welche nachher der König von England gekauft hat, herausgegeben und erläutert. *)

6) Die Sammlung der Könige von Frankreich, welche Francifcus I. anzulegen anfieng, Heinrich IV. fortfezte, und Ludwig XIV. vorzüglich vermehrte. Lauthier's Sammlung ward dazu gekauft, und viele Stücke wurden von den Klöftern und Kirchen dahin gefchenkt. Aus diefer Sammlung hat Mariette **) einige Hundert Steine, alfo bei weiten nicht alle, durch Kupfer bekannt gemacht. Der Graf *Caylus* fafste daher den Vorfatz, fie insgefamt im Kupferftich herauszugeben, und hatte bereits einige Hundert kleine Planchen fertig, als er, unzufrieden damit, wie einige fagen, oder, wie Lippert Bd. 1. S. 68 berichtet, durch das Verbot des Königs genöthigt, fie wieder vernichtete. Man glaubte daher, es fei kein Exemplar von diefen Kopeien vorhanden. Allein nicht nur der Sächfifche Miniter Fritfch befafs ein Exemplar von den bereits ins Publicum gekommenen Abdrücken, welches aber bei der Belagerung von Dresden verbrannte, fondern man fand auch nach des Grafen Caylus Tode, dafs noch Exemplare vorhanden waren, deren jedoch nur wenige gewefen fein müffen, weil fie jezt eine Seltenheit find: Recueil de trois cent têtes et fujets gravées par le Comte de Caylus. Paris 4.

7) Die zweite Hauptfammlung in Frankreich war die Sammlung des Herzogs von Orleans. Ihr Stamm war eine Pfälzifche Sammlung,

*) Gorius Dactyliotheca Smithiana. Venedig 1767 2 Bde. fol.

**) Recueil de pierres gravées (en creux) du Cabinet du Roi, publié par Mariette. Paris 1750 2 Bd. fol. Mariette war ein Kupferäzer zu Paris, der fich aus Neigung befonders dem Gemmenftudium widmete, nachher auf Reifen gieng und fich durch Erfarung und Lectüre grofse Kenntnifs von Gemmen erwarb. Sein angeführtes Werk ift fchäzbar wegen der Schönheit und Accurateffe des Kupferftichs, wegen der vorgefezten Abhandlung über die Steinfchneidekunft der Alten, und wegen der angehängten Literargefchichte von den Gemmen. Aber in der Gelehrfamkeit, in Erklärung des Plinius, macht er, befonders aus Mangel griechifcher Sprachkunde, auffallende Fehler. Er hat in diefem Werke aufser den im Französifchen Cabinet befindlichen Gemmen auch noch andere copirt. Von Mariette S. Füfsli Künftlerlex. S. 398. — Man hat auch von Elifa Sophia Cheron pierres antiques gravées des Cabinets de la France.

E

lung, welche der Herzog von Orleans ererbt hatte. Nachher wurden viele Gemmen dazu gekauft, befonders 1741 die trefliche Sammlung des Crozat. Einſt wurde diefe Orleanifche Sammlung im Palais Royal verwahrt, wo die beiden berümten Antiquare de la Chau und le Blond Auffeher darüber waren. Nach der Revolution von Frankreich aber iſt fie Zeitungsnachrichten zufolge veräufsert worden: und wohin fie gekommen, iſt mir unbekannt. °)

8) In *England* haben Sammlungen von gefchnittenen Steinen: der Herzog von *Devonfhire* — unftreitig die befte in diefem Lande; — der Graf *Arundel* ehemals ; der Graf von *Besborough;* °°) Herr *Jennins;* der Herzog von *Marlborough;* der Herzog von *Bedfort* u. f. w. Aus allen diefen und mehreren Sammlungen ftehen Abdrücke in Lipperts Dactyliothek ; aber auffallend iſt es, dafs man von allen diefen Sammlungen keine ganzen Kupferwerke oder Abdrücke hat: faſt ein Beweis, dafs in England mehr Kunftliebhaberei bei Einzelnen, als wahre Kunftkenntnifs im Ganzen zu finden fei.

9) In *Holland* war ehemals das Gemmen - Cabinet des Grafen *Thoms:* des Schwiegerfohns von Boerhaue, berümt, in welches auch des Cardinals Maffimi Sammlung gekommen war. Nach dem Tode des Grafen erkaufte einen Theil diefer Sammlung der Statthalter von Holland, den andern der Herzog von Devonfhire. Von dem Cabinet des Statthalters, oder von dem jezigen Natiolcabinet in Holland fehlt es noch an einer Nachricht, wenigftens iſt mir keine bekannt. — Hieher gehört auch die Sammlung des Friefsländers Jacob de *Wilde*, eines gefchickten Malers, welche deffen Tochter Maria de Wilde auf 50 Blättern radirte, Amfterd. 1703. 4.; welche jezt felten find: Jacob de Wilde gemmae antiquae. Amfterd. 1692.

10) *Deutfchland* anlangend, fo kann fich diefes in der Gemmenfammlung des Königs von Preufsen unftreitig der gröfsten und fchönften Dactyliothek in Europa rühmen. Sie beſteht aus dreien Sammlungen. Nämlich a) als der Churfürſt der Pfalz, Carl der II. ſtarb, kam deffen zu Heidelberg befindliche Münzen - und Antikenfammlung an Friedrich Wilhelm, den grofsen Churfürften von Branden-

---

°) Defcription des principales pierres gravées du Cabinet du Duc d' Orleans. Paris 1780 fol. Die Abbildungen find von Aubin vortreflich geftochen, und von den beiden oben genannten Auffehern mit guten Befchreibungen verfehen.

°°) Natter, catalogue des pierres gravées du Comte de Besborough.

denburg, welcher fchon eine kleine Gemmenfammlung befafs. *) b)
Sodann kam in diefem Jahrhunderte hinzu die grofse Sammlung des
B. von *Stofch* zu Florenz, beftehend aus 3444 Stücken, welche Frie-
drich II. im Jahr 1770 nach Stofchens Tode von deffen Erben Muzel
Stofch, mit Ausnahme der Hetruskifchen Gemmen, welche nach
Neapel verkauft waren, für 30000 Thaler erkaufte. **) — Jener
Baron von Stofch, aus dem Brandenburgifchen gebürtig, fieng auf
feinen Reifen an Gemmen, befonders folche mit den Namen der
Künftler, fammt Abdrücken aus Cabineten, die er auf feinen Reifen
befah, zu fammeln, und gab diefe darauf in einem befondern Werke
heraus. ***) Er liefs fich darauf zu Florenz wohnhaft nieder, wo er
40 Jahre hindurch mit einem folchen Enthufiasmus für fchöne Kunft
und mit einem fo anfehnlichen Aufwand Kunftwerke, befonders
Gemmen, Zeichnungen und Kupferftiche (der Atlas der Landcharten Zeichnungen und Kupferftiche machte allein 324 Bände in Folio
aus, ****) fammelte, dafs er einen Schaz von Kunftfachen befafs, als
wol noch nie ein Privatmann befeffen hat. Er fafste darauf den
grofsen Plan, diefe von Marc *Tufcher*, einem Künftler aus Nürnberg,
(welcher in verfchiedenen Städten Italiens arbeitete, che er nach
E 2 Eng-

*) Laurentius B e g e r , Antiquar des obengenannten Churfürften der Pfalz, hatte
die Heidelbergifche Antikenfammlung im Thefaurus Palatinus bereits befchrieben, als er von dem grofsen Churfürften als Auffeher des Antikencabinets nach
Berlin berufen ward. Hier befchrieb er nun den gefammten Antikenvorrath
fammt den aufser der Heidelberger Sammlung vorgefundenen Gemmen im Thefaurus Brandenburgicus felectus, und in dem nach diefem herausgegebenen
Spicilegium Antiquitatis; worin auch einige Gemmen vorkommen.

**) Winkelmann, Briefe Bd. 1 S. 92 fagt, der Prinz von Wallis habe die grofse
Stofchifche Sammlung von Abgüffen neuer Münzen für 1000 Ducaten erftan-
den. Die Sammlung von Schwefelabgüfsen von alten Gemmen habe fich auf
14000 belaufen.

***) Gemmae antiquae caelatae, fcalptorum nominibus infignitae, delineatae et
aeri incifae per Bern. P i c a r d. Selegit et Commentario illuftravit Philipp. de
S t o f c h Amftel. 1724 fol. Die Stiche von Bernard Picart lobt Lippert Dactyl.
Bd. 1. S. 54 zwar über die Maafsen, allein es ift von anderen dagegen mit
Recht erinnert worden, dafs Picart den eigenen Character der Antiken ver-
derbe, indem er feine eigene Manier hineinbringe.

****) Diefe Sammlung ift in die Kaiferliche Bibliothek nach Wien gekommen.
Das Verzeichnifs diefer Anzahl Bände von Landcharten, Zeichnungen und
Kupfern fteht hinter Winkelmanns Catalog der Stofchifchen Gemmen. S.
573 - 596.

England und von da nach Koppenhagen als Hiftoricnmaler gieng, S.
Füfsli Künftler Lex. S. 663) zeichnen zu laffen. Als er aber als-
bald einfah, dafs diefer Plan zu weitläufcig fei; fo wollte er es bei
einem blofsen Catalog bewenden laffen. Allein auch diefer kam bei
feinen Lebzeiten nicht zu Stande; fondern erft nach deffen Tode
liefs ihn fein Erbe Muzel Stofch durch Winkelman verfertigen; welcher zu dem Ende von Rom nach Florenz reite, wo er drei Viertel-
jahr unermüdet daran arbeitete.*) Diefer Muzel Stofch war eigentlich der Sohn des Profeffor Muzel zu Berlin; er ftudirte anfangs
dafelbft auf dem Joachimsthalifchen Gymnafium, gieng darauf in den
Militärdienft, wo er Unterofficier ward; und als ihm diefer Dienft
nicht

---

*) Defcription des pierres gravées du feu B. de Stofch — par Mr. l' Abbé
Winkelmann. Florence 1760. 4. Diefer Catalog ift ein Mufter einer wol an-
zulegenden Dactyliothek. — Der gefchickte Kupferftecher Johann Adam
Schweickard, welcher einen grofsen Theil feiner Bildung einem 18 jährigen
Aufenthalte beim B. v. Stofch zu Florenz verdankte, (S. Füfsli 598) machte
1775 einen Anfang, Kupfer nach den Abdrücken der Stofchifchen Sammlung
zu liefern. Es blieb aber bei dem erften Heft in 6 Blättern: man hatte blos
Aegyptifche gar nicht in die Augen fallende Stücke gewält. In Vogels Verfuch über die Religion der alten Aegyptier und Griechen, Nürnberg 1793 ift
der Anfang gemacht, ausgefuchte Steine aus der Stofchfchen Sammlung, zu
liefern; im erften Heft find 13 Steine mit Aegyptifchen Gottheiten. Eine gute
Answal von Gemmen aus dem Stofchfchen Cabinet, welche das Merkwürdigfte
der alten Mythologie zufammenfafsen, wird auch folgendes Werk enthalten,
wenn es beendigt fein wird: Abbildungen Aegyptifcher, Griechifcher und Rö-
mifcher Gottheiten, mit (treflichen) mythologifchen und artiftifchen Erläuterun-
gen (von Schlichtegroll.) Nürnberg 1792-1794 grofs 4. 3 Hefte, jedes mit
12 Kupfertafel. Diefs Werk ift auch erfchienen in einer Prachtausgabe in grofs
Fol. mit einer Französifchen Ueberfezung der Schlichtegrollfchen Erklärungen.
Hier find die Originale von den Nachftichen der Quartausgabe. Die Zeichnungen find hier faft alle von Cafanova, die Stiche von Klauber in Paris, und ein
Paar von Guerin; in der Quartausgabe aber find die Nachftiche Schrazenftaller
und Dietrich. Einige Bemerkungen über die mytholog. und artift. Erläuterun-
gen S. in der Allg. Lit. Zeitung J. 1796 no. 105, wo der Vorfchlag gethan
wird, die fämmtlichen Abdrücke des Stofchifchen Cabinets, die fich jezt allein
noch in Frauenholzens Händen zu Nürnberg befinden, und um fo koftbarer find,
da die Originalfteine in der Königl. Preufs. Sammlung fehr vernachläfsigt find,
und fich nur fehr unvollftändig erhalten haben, in blofsen Umriffen und nur in
mäfsiger Vergröfserung ftechen oder auch nur, wie die zum Taffiefchen Catalog, radiren zu laffen, und dadurch eine der planmäfsigften Dactyliotheken zu
liefern, wobei Winkelm. Catalog überall zum Grunde gelegt und in einem
Supplementbändchen ergänzt und berichtigt werden müfste. Noch treflicher
würde die Unternehmung ausfallen, wenn Friedrich Wilhelm III. und fein
grofser Minifter Heiniz die Stiche nach den Originalfteinen zu Potsdam verfertigen und nur diejenigen Frauenholzifchen Abdrücke copiren liefsen, wovon
die Originale vernachläfsigt, befchädigt oder abhanden gekommen find.

nicht mehr gefiel, verliefs er ihu heimlich, und gieng auf gutes Glück nach Italien. Er wandte fich in Florenz an feinen Landsmann, den B. von Stofch. Diefer gewann ihn fo lieb, dafs er ihn bei fich behielt, ihn bald darauf als feinen Sohn adoptirte und ihn zum Erben aller feiner Schäze einfezte. Alfo von diefem feinem ehemals heimlich entwichenen Unterofficier, kaufte Friedrich II. die Stofchifche Dactyliothek. Sehr fchäzbar an derfelben ift eine fchöne Folge von Steinen, welche eine ziemlich vollftändig Aegyptifche und Hetruskifche Mythologie geben. Iedoch find die Hetruskifchen Gemmen gleich nach Stofchens Tode nach Neapel an den Herzog Caravarica verkauft, ausgenommen der Stein mit den fünf thebanifchen Helden, deffen vorhin gedacht ift, welcher mit in der Königl. Preufsifchen Sammlung befindlich ift. — Endlich c) begreift die Königl. Preufsifche Dactyliothek auch die Sammlung von Cameen, welche einft der Graf Odam in Holland befafs. Die ganze Sammlung fteht jezt zu Potsdam im Königlichen Palaft, wo fie aber fehr vernachläfsigt fein foll. Auch hierauf wird mit der Zeit Friedrich Wilhelm III., den einft die Gefchichte ficherlich den Weifen und Gerechten nennt, fein Augenmerk richten.

11) Im Kaiterlichen Mufeum zu *Wien* ift eine fchöne Sammlung, von welcher wir aber, fo viel ich weifs, auch noch keine vollftändige Nachricht haben. *) — Aufser diefer befindet fich zu Wien die Sammlung des Reichshofraths von *Hefs*, ehemals ein Eigentum des Cammerrath de *France;* welche der vor einigen Jahren verftorbene Prof. *Reiz* zu Leipzig, der zu dem Ende nach Wien reifte, befchrieben hat. Sie befteht aus 1683 tiefgefchnittenen Steinen und 819 Cameen, worunter ohne Zweifel viele Steine von neuern Künftlern find. **)

12) In *Sachfen* giebt es mehrere, obgleich nicht fehr anfehnliche Gemmenfammlungen. Erftlich die *Churfürftliche*, welche der Churprinz Chriftian angelegt hatte. Sodann die des Grafen *Wackerbarth*, des Grafen *Brühl*, des Grafen *Vizdulm*, des Grafen *Moszinsky* zu Drefsden. Ferner die zu Leipzig in der Rathsbibliothek, die *Richterfche* und

---

*) Iedoch haben wir ein trefliches Werk über einige vorzügliche Gemmen derfelfelben an Eckhel's choix des pierres gravees du Cabinet Imperial. Wien ....

**) Mufei Franciani defcriptio Pa. 1 comprehendens numismata et gemmas. Leipzig 1781 8. Die Anordnung der Steine ift die gewönfiche: mythologifche, hiftorifche, und dann folche, die vermifchten Inhalts find, d. h. welche Süjets enthalten - die eigentlich zu den erften beiden Gattungen nicht gehören, als: Küriger, Reuter, Wettrenner, Ringer, Fechter, Hirten u. f. w.

und ehemals die des Kr. f. *Chrift*; aus welchen Sammlungen allen
die beſten Gemmen in Abdrücken in Lipperts Dactyl. aufgenom-
men ſind.

13) In *Nürnberg* war ehemals die Sammlung des Kaufmanns
Ebermeier, welche aber meiſtens Steine von Johann Chriſtoph Dorſch,
Sohn des Erhard Dorſch, enthielt. Wo dieſe Sammlung hingekom-
men, iſt mir unbekannt. Prof. Reuſch zu Helmſtädt hat ſie beſchrie-
ben. — Dagegen zeichnet ſich die *Praunifche* Sammlung ebendaſelbſt
durch Antiken aus, wovon einige Paſten in Lipperts Dactyl. ſtehen.
Dieſes Cabinet war von *Murr* geſonnen in Kopeien und Erläuterun-
gen bekannter zu machen. S. deſſen Bibl des peintures Bd. 1 S. 287.

14) Die Sammlung zu *Caffel*, welche aus 2500 Stücken beſteht,
enthält eine Menge ſchlechter Gemmen in Süjet und Arbeit; unter
andern an 270 Talismane und Abraxas, welche der Landgraf Carl
von einem Venetianer Antonio Capello einſt kaufte. S. oben die
Schriften von den Abraxas,

15) In Baiern und Tyrol befinden ſich erſtlich zu *München* die
Churfürſtliche Sammlung nebſt der des von *Oeffele*, ſodann zu *Inſprnk*
auf dem Schloſse eine Sammlung, von welcher wir aber ſo wenig,
als von allen übrigen dort befindlichen Kunſtſachen, z. B. den treflichen Gemälden eine Beſchreibung haben, welche ſehr zu wün-
ſchen iſt.

16) Auch zu *Stockholm* und *Koppenhagen*, in den Königlichen Schlöſ-
ſern ſind kleine Sammlungen; zu *Petersburg* aber wird die Sammlung
Natters, des gröſten Steinſchneiders neuerer Zeiten, aufbewahrt,
welche der damalige Groſsfürſt 1764 ſehr theuer erkauft hat. — Die
gröſten Sammlungen in der Welt ſind alſo die Groſsherzogliche zu
Florenz, die Sammlung im Nationalmuſeum zu Paris, und die Königl. Preuſsiſche zu Sansſouci.

VI. Arten der Abbildung und Abformung der Gemmen.

1) Die erſte und ältere Art der Vervielfältigung derſelben iſt
die Abbildung durch Zeichnung und Kupferſtich. Der erſte, welcher
verſuchte, Gemmen durch Zeichnungen zu kopiren, war *Aenea Vico*
oder *Vighi* *) aus Parma, welcher um 1550 blühte. Er hinterlieſs
34 Blät-

---

*) Füſsli Künſtlerlexicon S. 687. Er hat auch die erſten Münzen, eine Samm-
lung von antiken Vaſen und 12 Blätter von Römiſchen Triumphen geſtochen.
Ein Verzeichniſs ſeiner Werke findet man bei Teiſsier Eloges des hommes
ſavans. S. 436.

34 Blätter von antiken Gemmen, welche Philippo Thomaffini im Kupferftich zu Rom ohne Jahreszahl in 4to herausgegeben hat. — Sodann gab einige Blätter mit Gemmen *le Bois* im Difcours fur les Medailles, Paris 1529. 4·, welches Werk jezt aber felten ift. — Der erfte, welcher ein gröfseres Werk der Art unternahm, war *Abraham Gorlaeus*, ein Niederländer, in feiner Dactyliotheka. Delft. 1609. 4. Der Tod behinderte ihn daran, die verfprochenen Erklärungen zu den Kupferftichen zu geben. Nachher ift es wieder aufgelegt mit Erklärungen von Jacob Gronou 1695. und wiederum 1707. 2 Bde. 4. Des Gorlaeus Ausgabe ift aber beffer, weil die Kupferftiche nach den Originalen und unter des Autors Auflicht gemacht find. Die Zahl der gegebenen Steine ift aber nicht grofs genug, wovon der Verleger des Buchs die Schuld trägt. S. die Vorrede des Gorlaeus. An Gronous Ausgabe fteht des Marbodaeus Gedicht de gemmis. — Ferner *Peter Stephanoni* gemmae antiquitus fculptae, Rom 1627. 4., und Padua 1646., in fchlechter Zeichnung. Dies Werk ift wieder aufgelegt mit einem Commentar von Licetus : *Liceti* Hieroglyphica et antiqua Stemmata gemmarum, annulorum, quaefira moralia, politica, hiftorica, medico-philofophica et fublimiora. Padua 1653. fol. Diefer Commentar ift im Zeitgefchmack verfafst, und mehr eine moralifche und politifche Poftille über die Gemmen, als eine gelehrte Erläuterung derfelben. — Leonardo *Agoftini* Sienefe gemme antiche figurate. Rom 1657. Vol. 1 und 1664. 2 Bde. 4. Bellori beforgte 1686. 4. 2 Bde, eine neue Ausgabe, mit befferer Anordnung der Gemmen, aber die Kupfer find von geringerem Werth, als in der erften Ausgabe, weil die verlofchenen Züge der Platten durch einen neuen Grabftichel retouchirt find. Diefe ift ins Lateinifche überfezt von Jac. Gronou. Amfterd. 1686, und wiederum Franeker 1694, in welcher lezten Ausgabe die Zeichnungen fchlecht find. — Gemme antiche figurate date in luce da Domen. de *Roffi*, colle fpofizione di Maffei. Rom 1707-9. 4 Bde. 4., enthält die zahlreichfte Sammlung, und ift dadurch fchazbar, obwol Zeichnungen und Erklärungen das Werk nicht fonderlich empfehlen. — Michael Philipp l' Euesque de *Grauelle* recueil de pierres graurées antiques. Paris 1732. 2 Bde. 4., der erfte Band enthält 101, der zweite 104 Platten. Die Zeichnung ift fchön, und die Erklärungen kurz und gut. Er verfprach auch einen gröfseren Commentar. — Gemmae antiquae caelatae or a collection of gemms, taken from the claffics by Georg *Ogle*. London 1741. 4. zweite Ausg. Es ift die nachgezeichnete Sammlung des Grauelle. — Caufei de la *Chauffe* gemme antiche figurate. Rom 1700. 4. Auch deffen Mufeum Romanum. Rom 1746. 2 Bde. fol. (in Graeuii Thef. Ant. Rom. To. XII.) enthält Gemmen. — Defcriptio gemmarum

marum in muſeo L. B. de *Craſſier*. Leod. 1740. 4. — Und, eben fo
enthalten Gemmen *Borioni* collectanea antiqu. Rom. Rom 1736 fol.;
Montfaucon antiquité expliquée. XV. Bde. Paris 1722. f. fol. — No-
vus Theſaurus gemmarum veterum ex inſignioribus Dactyliothecis
ſelectarum cum explicationibus Bd. 1. tabulas 100 continens. Rom
1781. Bd. 2. 1782. fol. , Zur Darſtellung der Gemmen iſt ſehr zweck-
widrig Folioformat gewählt; auch ſollen Zeichnungen und Stiche
ſchlecht ſeyn. Es find eigentlich Zeichnungen, die ſchon Gori machen liefs, und die dem Verleger Monaldini in die Hände gekommen
find. Die Erklärungen find von Amaduzzi. Es ſollen noch 2 Bde
folgen. S. Götting. Anz. 1783 no. 11. und 209. — Werke, welche
die Steine einzelner beſtimmter Cabinette iu Kopeien und Erklärungen darſtellen, find im V. Abſchnitt bei Angabe der vorzüglichſten
Gemmenſammlungen bereits angeführt worden. *)

Durch Zeichnung und Kupferſtich erhält man aber gar leicht
eine unrichtige, immer aber eine unvollkommene Idee von der
Gravüre der Gemme. Denn *erſtlich* mufs die Zeichnung ganz nach
den Regeln des Reliefs gemacht werden, welches nicht immer beobachtet wird. *Sodann* mufs fie den ganzen fchönen, mittelmäfsigen
oder fehlerhaften und fchlechten Character der Gravüre darſtellen. Der Zeichner bringt aber gar zu leicht etwas von feiner eigenen
Manier hinein; er verfchönert, oder, was bisher häufiger der Fall
gewefen, macht es fchlechter: eben fo als der Ueberfezer von
Dichtern anderer Sprachen, befonders wenn er felbſt Dichter iſt,
leicht feine eigenen, zumal ihm geläufig gewordenen Ideen und
Em-

---

*) Man hat auch Schriften, worin nur einzelne Steine copirt und ausfürlich be-
befchrieben find. Aufser den oben im IV. Abfchnitt, über einige berümte
Steine angeführten, find mir noch die Titel von folgenden vorgekommen :
Chifleti aqua virgo, fons Romae cleberrimus et prifca religione facer, opus
1. Aedilit. M. Agrippae in vetere annulari gemma. Bruxellis 1657 4. — Gemmarum biga, fcilicet Sardonyx et Sapphirus olim a Marquardo Frehero ex-
plicata, nunc recufa per H. G. Thulemarium. Heidelberg 1681 4. — Fre-
heri Cecropiftomachia, antiqua duelli gladiatorii fculptura in Sardonyche ex-
pofita illuftrata per H. G. Thulemarium. Heidelberg 1681. — Achates
ſiacus annularis commentario explicatus, e Mufeo Alexandr. Georg. Cap-
ponii. Rom 1727 4. — Commentaires antiques contenants l' hiftoire generals
des Empereurs par J. Triftan Paris 1731 3 Bd. — Anticha gemma Etrusca
fpiegata ed illuftrata con una diſſertatione da Carlo Antonioni (Profeſſ. nel Uni-
verlità di Pifa.) Pifa 1745 4; — Memoires fur les variations d' un Achate et
fur un medaillon d'or de l' Empereur Pertinax, par Thom. Mangeart. Bru-
xelles. 1752 4. — Joh. Chifleti Socrates, five de gemmis ejus imagine
caelatis judicium. Brux. 1661 4. — Lettre fur une pierre antique du Cabinet
de Mr. Smith à Hemfterhuys. Haag 1762 4.

Empfindungen, und feine eigene Manier in jene hineinträgt. Gleich-
wol richtet fich nach der Zeichnnng der Kupferftecher, der felten
felbft Zeichner ift. *Bouchardon* und *Picart* geben hierin ein warnendes
Beifpiel. *Ferner*, wenn denn nun auch der Zeichner und Kupferftecher
ganz den Character und die Manier des Originals ausdrücken, fo
mufs der Kupferftich doch viele Abdrücke aushalten. Hiedurch wird
das Meifte hart und die Hälfte der Warheit geht alfo verloren.
Endlich, fo bleibt diefe Darftellung doch immer nur Darftellung auf
einer Fläche, welche nicht nach dem Lichte gewendet und nach mehr
Seiten fo befichtigt werden kann, dafs man diejenige herausfindet,
von welcher fich der Stein am vortheilhafteften präfentirt. — Diefs
kann man dagegen bei

2) der *zweiten* Art der Kopirung der Gemmen in Abdrücken,
welche das Original faft ganz darftellen. Man macht dergleichen in
Glafs, Porcellanerde, Terre cuite u. f. w.; diefe heifsen eigentlich
Paften; — in *Siegelwachs;* diefe heifsen eigentlich *Abdrücke*. — in
Schwefel, welcher mit Zinnober oder einer andern Erdfarbe vermifcht
wird; diefe heifsen eigentlich *Abgüfse;* — oder in andern Maſſen,
dergleichen die von *Lippert* zu Drefsden, und von Iames *Taffie* in
London, neuerfundenen find. Indefs gebraucht man auch den
Namen *Paften* allgemein von allen diefen Arten der Gemmenabdrücke.
Vor *Lippert* und *Taffie* waren Kupferftiche, Glafspaften, Gyps- und
Siegelwachsabdrücke und Schwefelabgüfse die gewöhnlichen Mittel
zum Studium der Gemmenkunde; jezt find die Lippertfchen und
Taffiefchen Abdrücke herfchender geworden.

Glafspaften finden fich in fehr vielen Gemmencabinetten, und unter
diefen auch einige aus dem Altertum. Denn fchon die Alten form-
ten Gemmen in einer Glafsart, welche den Namen *vitrum Obfidianum*
von einer Aethiopifchen Marmorart, marmor Obfidianum, *) be-
kam, weil jene die fchwarze frifche Eifenfarbe diefes hatte, und
diefem ähnlich fah. S. Plinius 36, 26. *Caylus* Abhandlung vom
Obfidianifchen Glafse in den Mem. de l' Acad. des Infcript. Bd. 30.
S. 457. Es find noch Glafspaften diefer Art in der Stofchifchen
Sammlung vorhanden. S. gemmae caelatae a Phil. de *Stofch* illuftratae
no. 49

---

*) Diefe Marmorart hatte, nach Plinius, ihren Namen von einem gewiffen Römer
Obfidius, der fie in Aethiopien fand. S. Pandekt. 34, 2, 19; wo es obfianum heifst, als wäre es von ὄψις; allein es ift Abbreviatur für Obfidianum;
und fo ift auch, wenn man vitrum obfianum findet. Einige halten diefen
Marmor mehr für eine Gemma, als für Marmor, weil Plinius ihn blos lapis
nennt.

no. 40 und 52.; nebſt der Vorrede S. 18, auch Winkelm. Catalog
der Stoſch. Dactyl. — Die Glafspaften ſind noch das Beſte und
Nüzlichſte, was ſich von den Glafsarbeiten der Alten erhalten hat;
denn durch dieſe ſind uns viele ſeltne Süjets und Bilder des Altertums erhalten, die ſich in geſchnittenen Steinen verloren haben.
Der anſehnlichſte Vorrath von antiken Glafspaften befindet ſich jezt
in der treflichen *Townleyiſchen* Sammlung zu London. — Dafs im
mittlern Zeitalter die Kunſt Glafspaften zu machen nicht ganz verloren gegangen ſei, *) obwol man ächte Steine von dieſen unächten
gar wenig zu unterſcheiden verſtanden, iſt bereits vorher erinnert
worden. Aber beſſere Verſuche in der Paſtenarbeit, dergleichen
van Boot und *Kircher* erwänen, kommen erſt im ſpäteren Mediceiſchen
Zeitalter vor. Lange wurde dann dieſe Kunſt geheim gehalten, bis
ſie zu Anfange des jezigen Jahrh. von dem Herzog Regenten von
Orleans, *Philipp*, und dem Chemiker *Homberg*, aus Quedlinburg,
deſſen Leibarzte, mehr betrieben und veredelt wurde. Lezter hat
die meiſten Steine aus des Königs von Frankr. und des Herzogs Cabinette, ſo wie auch viele aus andern Cabinetten in Paſten abgeformt. S. Stoſch Vorrede zu den gemmae caelat. S. 18. Von dem
erſteren hatte ſie noch *Clachant*, der ältere, gelernt, der erſt vor
etwa 18 Jahren zu Paris verſtorben iſt. Auch hat die Demoiſelle
Feloix zu Paris ſie ſeit vielen Jahren betrieben, deren Sammlung unge-
fär aus 1800 Stücken beſteht. Beſonders aber ſoll der Doctor *Quin* zu
Dublin, wie *Raſpe* verſichert, von Cameen und Intaglio's die täu-
ſchendeſten Nachahmungen in Glafspaften verfertigen. — Auch *Lippert* hatte eine Maſſe nach Art des alten Obſidianiſchen Glaſes erfunden, und Paſten darin verfertigt, welche ſelbſt die Farben der
Originalgemmen darſtellten. Aber dieſe Sammlung von Glafspaften
war weit koſtbarer, als die Sammlung der Abdrücke in der weiſsen
von ihm erfundenen Maſſe, von welcher nachher die Rede ſein wird.
Jene, obwol ſie aus einer unweit geringeren Anzahl Copeien be-
ſtand, als dieſe, koſtete, wo ich nicht irre, 70 Ducaten. — Der
Vorzug ſolcher Glafspaften vor anderen Arten der Abformung alter
Gemmen beſteht darin, dafs man durch ſie auch die Farben der antiken Gemmen nachmachen kann; dergleichen auch aus dem Altertum noch mehrere übrig ſind. Auch kann man die Figuren der
Gemmen darin ſo fein ausdrücken, dafs man mit dieſen Glafsab-
güfsen

---

*) Es erhellet auch aus einigen Verſen des M a r b o d a e n s, aber deutlicher noch
aus der Anweiſung, welche H e r a c l i u s im neunten Jahrh., zu dieſer Kunſt
m ſeinem Buche de artibus Romanorum giebt.

güfsen beinahe eben fo wol fiegeln kann, als mit den Gemmen felbft; obwol das Glafs gewöhnlich das warme Siegelwachs nicht fo leicht fahren läfst, als die meiften Edelfteine. Die Italienifchen Glafspaften find übrigens fchlechter, als die Deutfchen; denn jene find aus fehr weichem Glafse, weil in Italien die Kohlen theuer find. Sie fpringen daher in der warmen Sonne leicht in kleine Stücken, weil dort das Glafs aus vieler Potafche gemacht wird. *)

Jedoch auch in *Schwefelabgüfsen* kann man die Farbe der Originalfteine ausdrücken, indem man unter den Schwefel, wenn er flüfsig ift, diefelbe Farbe mifcht, welche der Stein hat, den man abgiefst. In Rom machte fich der erft vor einigen Jahren verftorbene Chriftian *Dehn*, ehemaliger Kammerdiener des Barons von Stofch, durch diefe Art Arbeit vorzüglich bekannt, und fammelte ungefähr 2500 Schwefelausgüfse, (Winkelmann fpricht nur von 1200) von denen der Abbate *Dolce* ein Verzeichnifs geliefert hat. Sie waren aus den beften Sammlungen gewält und verbreiteten fich von Rom aus überal hin, wodurch die Gemmenkunde und der Gefchmack an derfelben weit allgemeiner wurde. Zu Rom befonders ift diefe Kunft geachtet. Die beften Künftler *Pichler* und andere, halten es nicht unter ihrer Würde, von ihren eigenen und fremden Arbeiten Schwefelabgüfse zu verfertigen und zu verkaufen. Auch Rath *Reifftein*, verfuchte dafelbft die fo fchwierigen Abdrücke von vielfarbigen Camcen, und war darin ungemein glücklich.

Die Glafspaften find koftbarer, als alle andere Arten der Abformung von Gemmen; und auch Taufend Schwefelausgüfse koften zn Rom 50 Ducaten, alfo faft noch einmal fo viel, als Taufend Lippertfche Paften in weifser Mafse. Die Gyps- und Wachsabdrücke famt den Schwefelabgüfsen find auch nicht dauerhaft genug. Der Gyps wittert in einiger Zeit aus. Und wenn man auch alle Kunft durch Beimifchung anderer Ingredienzen anwendet, dem Wachfe eine Feftigkeit zu geben, fo trocknet fein Oehl doch nach einigen Jahren aus, und das Wachs wird fpröde, blättert fich und zerbröckelt oder fpringt. Auch die Schwefel fpringen leicht in jählinger Hitze und Kälte, riechen nicht wol, und was um fie und neben ihnen ift, läuft an. Beide Arten der Abformung find überdiefs auch theurer, als die Abdrücke in der Lippertfchen Mafse.

F 2 Alles

---

*) Eine Nachricht, wie die Glafspaften gemacht werden, fteht in der Nürnbergifchen Werkfchule; und von Caylus fieht im Mariette eine weitläuftige Abhandlung d.n über. Man fehe auch in Sulzers Theorie der fchönen Wiff. die Artikel Abgüfse, Abdrücke und Paften, welcher lezte Auffaz von Lippert ift.

Alle diefe Nachtheile fallen bei der *Lippertfchen Maffe* hinweg. Sie
ft feft und dauerhaft, und hat eine angenehme Weifse und einen
fanften Glanz. In dem Exemplar diefer Daktyliothek, welches die
hiefige klöfterliche Bibliothek befizt, hat fich in faft 24 Jahren an den
Abdrücken nichts durch Luft, Hitze und Kälte verändert. Durch
Näffe einzig verlieren fie ihren Lüftre. Durch einen weichen Haar-
pinfel ftaubt man fie ab, ohne dafs fie ftumpf davon werden. — Die
Maffe felbft befteht, fo viel man weifs, aus einer Sächfifchen Talk-
erde, mit Hausblafe verfetzt, um ihr Feftigkeit und Dauer zu geben,
damit ihr weder Wärme noch Kälte fchadet. Die übrigen Beftand-
theile find unbekannt. Die Art der Anfertigung diefer Maffe hat Lippert, irre ich nicht. nur feinem Schwiegerfohne, Herrn Schneider,
zu Dresden, bekannt gemacht, welcher diefe Arbeit fortgefetzt hat.
Winkelmann hielt diefe Maffe alfo fälfchlich für Gyps. Das Taufend
diefer Abdrücke koftet 30 Ducaten; die gefammte Daktyliothek befteht aus 3000 Paften, welche in Tabletten mit Arabifchem Gummi,
befeftigt find. Das *erfte* Taufend (eigentlich 1005 Stück) enthält mythologifche Steine, nach der in den Mythologien gewöhnlichen Anordnung; das *zweite*, (1095 Stück) die hiftorifchen, und das *dritte*,
(1049 Stück) zur Hälfte Supplemente zum mythologifchen, und zur
Hälfte zum hiftorifchen Taufend. — Die Befchreibung ward anfangs
in Lateinifcher Sprache verfertigt, der erfte Theil derfelben vom Prof.
Chrift, der andere vom Herrn Hofr. *Heyne*. Hieraus machte nachher
Lippert felbft eine Befchreibung in deutfcher Sprache, Dresden 1767
zu den zwei erften Taufenden, und 1776 zum Supplementtaufend,
welche auch mit der Dactyliothek ausgegeben wird. In diefer ift
das Sujet, die Gefchichte. das Cabinet oder der Befitzer jedes Steins
u. f. w. angegeben. Sie ift nebft der Winkelmannifchen Befchreibung
des Stofchifchen oder jetzigen Königl. Preufsifchen Cabinets ein Mufter, wie Gemmencabinete anzulegen und zu ordnen oder zu befchreiben find. Welch ein grofses Verdienft fich übrigens Lippert durch
diefe Dactyliothek, in Abficht auf Verbreitung von Kunftgefchmack
und Kunftkenntnifs, in Deutfchland befonders, erworben habe, er-
kennt jeder Sachkundige mit Dank. Folgende Erinnerungen können daher keinesweges die Abficht haben, jenes Verdienft auf irgend
eine Art zu fchmälern. *Erftlich* hätte vielleicht der Kaufpreis diefer
Dactyliothek um ein merkliches dadurch verringert werden können,
wenn mehrere Gemmen, die daffelbe Sujet ohne irgend eine, oder
ohne eine für den Charakter der Gravure und des Sujets bedeutende
Abänderung enthalten, nicht im Abdruck gegeben wären; *fodann*
finden fich, aufser mehreren antiken Gemmen von fchlechtem Stich,
unftreitig viele neuere Gemmen darunter, welche mit noch fchärfe-
rer

rer Kritik von den alten hätten gefchieden werden follen; *ferner* würde es der Sammlung einen grofsen Vorzug gegeben haben, wenn Lippert befonders mehrere Gemmen im Aegyptifchen und Hetruskifchen Charakter zu erhalten gefucht hätte, welche in Abgüffen mitzutheilen fich vielleicht Stofch zu Florenz, vermöge feiner Munificenz in Abficht auf Kunft, hätte bereitwillig finden laffen. Ueberhaupt fehlten Lipperten fowol aus dem Stofchifchen, als aus andern Cabinetten in Italien, fehr beträchtliche Stücke; wie Winkelm. B iefe an Schweizer S. 99 verfichert, wo er auch zweifelt, ob Lippert überhaupt Hetruskifche Steine habe. *Endlich* find auch fehr viele Abdrücke nur nach Glaspaften oder andern Arten von Abdrücken und Abgüffen gemacht, fo dafs fie alfo Kopeien von Kopeien find, wodurch doch vielleicht fchon von den feinern Eigenheiten des Originals etwas verloren gegangen ift.

James Taffie in London, aus Glasgow gebürtig, ward zu Dublin von Dr. *Quin*, der die Kunft, Paften zu verfertigen, verbeffert hat, angeleitet. Er verfertigte darauf zur Kopirung von Gemmen eine fchöne Compofition von Email, fehr hart und gleich gut zum Formen und Poliren, bei deren Erfindung ihm die in unfern Zeiten mehr vervollkommeten und in England fo fehr verbreiteten Chemifchen Kenntniffe zu ftatten kamen. Diefer Maffe kann er, aufser andern angenehmen Farben, auch einige Farben geben, welche gewiffe Edelfteine nachamen. In diefer Maffe hat er nun alle Gemmen abgeformt, die er nur hat erhalten können; da hingegen Lippert aus dem grofsen Vorrathe feiner Abdrücke. welcher fich, irre ich nicht, auf 20000 belief, für feine Dactyliothek eine Auswahl traf; und felbft diefe hätte vielleicht, wie vorher erinnert worden, noch ftrenger feyn können. Da diefe Maffe edler ift, als die Lippertfche, fo find die darin abgeformten Paften auch theurer; fo dafs eine gewöhnliche Pafte 8 bis 16 Grofchen koftet, und fo der Preis nach der Gröfse bis über ein Pfund Sterling fteigt. Dennoch hat Taffie das Glück gehabt, dafs es allgemein Mode geworden, Paften nicht nur in Ringe faffen zu laffen, fondern fie auch zum Siegeln, zum Schmuck in Leib- und Armbändern u. f. w. zu gebrauchen. Die verftorbene Kaiferin von Rufsland z. B. beftellte fich feinen ganzen Vorrath von Gemmenabdrücken, welcher Funfzehn Taufend und Acht Hundert Stücke begreift. *) Davon ift denn auch ein Catalog in zwei Grofsquart-Bänden in Französifcher und Englifcher Sprache erfchienen (das Französifche

---

*) So ift z. B. die Stofchifche Sammlung von Schwefelabgüffen in Taffie's Hände gekommen; welche zugleich die vollftändigfte Sammlung von Abdrücken der Gemmen im Mufeum zu Florenz enthält.

fifche ift der Originaltext), von R. E. *Rafpe*, nach Winkelmann und Lippert, geordnet und befchrieben. London 1791.

Im Jahr 1779 machte der Jude *Davefon* zu Braunfchweig bekannt, er habe eine neue, noch fchönere, glänzendere und dauerhaftere Maſſe, als die Lippertfche fei, zum Abdruck von Gemmen erfunden, das Hundert diefer Abdrücke wolle er für zehn Thaler verlaſſen. Aber der bald darauf erfolgende Tod diefes Mannes unterbrach die Ausführung der Unternehmung.

Wir gaben vorher mit Recht den Paften aller Art vor den Zeichnungen und Kupferftichen den Vorzug. Aber felbft auch bei jenen fallen doch noch immer einige natürliche Schönheiten der Originale weg, welche oft fogar das Wefentliche in der Arbeit felbft mit ausmachen, als die fchönen Farben und Adern des Steins *) (und folglich auch die Einficht in die verftändige und kunftvolle Benutzung derfelben durch den alten Künftler), ferner das ein wenig Durchfichtige, die annehmliche Zärte und Dichte des Steins, endlich das Untergrabene, welches auf dem Steine felbft einen grofsen Abftand macht. Wiewol nun dennoch die Pafte immer noch genug Merkmale der fchönen Kunft des Steins ausdrücken kann, und immer noch ein lehrreicheres Surrogat für die Originale bleibt, als Zeichnung und Kupferftich; fo läfst fich doch auch nicht läugnen, dafs fich nur allein nach den Originalgemmen ein durchaus richtiges Urtheil über Gefchmack und Kunft der Alten in diefem Fache, wenigftens über das Altertum des Steins, und auch hier nur von einem fehr geübten Auge, mit Sicherheit fällen laffe.

Zufaz.

Zu S. 12. *Houel* Voyage pittoresque de Sicile glaubt, weil man in der Gegend um Eryx in Sicilien noch jezt in kleine Kamm-Mufcheln (vermutlich *pectines*) fchnitze, dafs der Name *Camee* von folchen Arbeiten herkomme.

Zu. S. 17. In dem mittlern Zeitalter hat man nur wenig in Edelgeftein gearbeitet. Die ganze Arbeit ift bei fclechter Zeichnung und Eintheilung, gegen die Antiken gehalten, durchaus fchwach und feicht gewefen. Die Werke der damaligen Künftler find auch gar nicht mehr erhoben, fondern gedruckt und platt (en bas relief irregulier), fo wie unfer heutiges Geld meiftens platt und unkünftlich ausgeprägt ift.

*) Auch diefen Vortheil können jedoch die Glafspaften erreichen, welche oft bei hohlgefchliffenen Steinen die verfchiedenen Adern und Streifen des Steins nachamen.

Die

Die Schulfeierlichkeit, zu deren Ankündigung diefe Schrift beftimmt ift, ift angeordnet, wie folget:

1) Examen über die Römifchen Antiquitäten mit den Primanern und Oberfecundanern. — Examinator: *Gurlitt.*

2) Eine Ode aus dem Horatius (3, 5.) — declamirt durch den Primaner, Friedrich Chriftian *Kefsler*, aus dem Magdeburgifchen.

3) Ein franzöfifches profaifches Redeftück aus Anacharfis voyage par Grece To. 4: die Vertheidigung des Socrates vor feinen Richtern — declamirt durch den Unterfecundaner, Carl Wilhelm von *Klöber*, aus Breslau.

4) Die Unterredung zwifchen dem Xerxes und Demaratus nach Herodot, aus Garve Abhandlungen aus der Literatur und Moral Bd. 2. S. 78 — declamirt durch den Untertertianer, Carl Friedrich Rudolph Daniel Herrmann *Amelang*, aus Berlin.

5) Examen über die Geographie mit der zweiten geographifchen Claffe. — Examinator: Herr Procurator *Schulze.*

6) Eine kurze eigenausgearbeitete lateinifche Commentation über den Saz: *qualis rex, talis grex* — durch den Primaner, Carl Auguft Ferdinand *Zimmermann*, aus dem Halberftädtifchen. *Abgehender.*

7) Die Rede des Hohenpriefters Caïphas aus dem vierten Gefange der Klopftockifchen Mefliade — declamirt durch den Unterfecundaner, Theodor Jofeph Friedrich Ferdinand *Höltzer*, aus Burg.

8) Ein franzöfifches profaifches Redeftück aus Thomas Eloge de M. Aurel (in Gedike's franzöf. Chreftomathie für obere Claffen S. 205) declamirt durch den Obertertianer, Maximilian Ludwig Uniko Graf zu *Münfter* Meinhövel, aus Osnabrück.

9) Examen über den *Terentius*, mit den Oberfecundanern. — Examinator: Herr Lehrer *Matthiffon.*

10) Eine Ode aus dem Horatius (B. 3 Od. 27). — declamirt durch den Oberfecundaner, Auguft Gotthelf *Hahnzog*, aus dem Magdeburgifchen.

11) Eine Stelle aus Kleift's Frühling — declamirt durch den Unterfecundaner Johann Chriftian Carl *Sachfe*, aus dem Magdeburg.

12) Die belohnte Wolthat, ein Fifcheridyll von Bronner (Efchenburg's Beifpielfammlung Bd. 1. S. 451) — declamirt durch den Obertertianer, Carl Wilhelm Friedrich von *Cornberg*, aus dem Heffencaff.

13) Eine Elegie von Solon, aus Stolbergs Gedichten aus dem Griechifchen S. 290 — declamirt durch den Unterfecundaner, Heinrich Adolph *Alberti*, aus der Altemark.

Den 30 März um halb 2 Uhr.

1) Examen der erften oratorifchen Claffe — Examinator: Herr Oberlehrer *Schultz.*

G   2) Eine

48

2) Eine eigenausgearbeitete deutfche Rede *von der Herrfchaft der Seele über den Körper*, durch den Primaner, Auguft Eduard *Schultze*, aus Magdeburg.

3) Eine Stelle aus dem 22ften Buche der Homerifchen Iliade, nach der Vofsifchen Ueberfezung — declamirt durch den Oberfecundaner, Carl Chriftoph Theophilus *Zerrenner*, aus dem Magdeburgifchen.

4) Eine Erzählung nach dem Prodicus beim Xenophon: Hercules auf dem Scheidewege zwifchen Tugend und Lafter, aus dem Journal für Damen, Junius 1795 S. 243, jedoch mit Abänderungen — declamirt durch den Unterfecundaner, Carl Wilhelm *Schenck*, aus Magdeburg.

5) Examen mit der zweiten theologifchen Claffe: Notiz der Bücher des Alten und Neuen Teftaments — durch Herrn Lehrer *Jafper*.

6) Eine eigenausgearbeitete kurze deutfche Rede über die allmälige Entftehung des Begrifs von *einem* Gott, und zum Schlufs den treflichen Hymnus des Stoikers Cleanthes an die Gottheit, nach Gedike's Ueberfezung im deutfchen Mufeum Bd. 2 (1778) St. 7. no. 3 S. 24 — declamirt durch den Oberfecundaner, Carl Auguft Ferdinand *Taubenhan*, aus Culm.

7) Eine profaifche Erzählung: Tobias Witt, aus Engels Philofophen für die Welt Bd. 1 S. 65 — declamirt durch den Obertertianer, Wilhelm *Steinkopf*, aus Egeln.

8) Solon und Cröfus, eine Erzählung nach Herodot, aus Garves Abhandl. aus der Moral und Literatur Bd. 2 S. 1 — declamirt durch den Obertertianer, Ludwig Samuel Bogislaus *Kühne*, aus Grofs - Wansleben.

9) Examen mit der erften Franzöfifchen Claffe — durch Herrn Lehrer *Neumann*

10) Sehnfucht nach Rom, ein noch ungedrucktes Gedicht von Friedrich *Matthiffon* — declamirt durch den Primaner *Schultze*, aus Magdeburg.

11) Das edle Betragen des Römifchen Obergenerals Scipio gegen eine gefangene Spanifche Fürftin, eine Erzählung aus dem Livius 26, 49 u. 50 — declamirt durch den Obertertianer, Ernft Friedrich Wilhelm *Riccius*, aus Wernigerode.

12) Der Strom und der Wafferfall, eine Fabel von *Tiedge*, aus dem deutfchen Mufeum, Novemb. 1784 S. 450 — declamirt durch den Untertertianer, Chriftian Ernft Ferdinand *Stambke*, aus Rogäz im Magdeburgifchen.

13) Offians leztes Lied — declamirt durch den Oberfecundaner, Carl Heinrich *Sprengel*, aus Mangelsdorf im Magdeburgifchen.

14) Eine

14) Eine eigen ausgearbeitete kurze Rede über die Humanität, worin fie beftehe, und wie wichtig fie für die menfchliche Gefellfchaft fei, worin der abgehende Primaner, Johann Carl Chriftoph *Walther*, aus Wolmirftädt, zugleich in feinem und des mit ihm zur Univerfität abgehenden Primaners *Zimmermann* Namen, unter Dankfagungen, die Pflicht und eigenes Gefühl gebieten, von der Schule Abfchied nehmen wird.

Hierauf werde ich mit einer an die gefammte hier ftudierende Jugend gerichteten Rede die Prämien austheilen, welche für den Fleifs in den Wiffenfchaften in guten Büchern, für die Betriebfamkeit in der fchönen Zeichenkunft aber in guten Kupferftichen beftehen; und fodann werde ich die beiden Abgehenden, *Walther* und *Zimmermann*, mit dem Lobe, dafs fie bisher den Weg des Fleifses und guter Aufführung betreten, und mit den gehörigen Ermanungen und Wünfchen, von hiefiger Schule entlaffen; welche Rede der Primaner *Schultze* mit einer Ode an den König befchliefsen wird.

Beide Directoren hiefiger Schule erfuchen angelegentlich ·alle Gönner und Freunde des Schulwefens, welche in der Ueberzeugung von der Wichtigkeit der Ausbildung der Jugend für den Staat, für die Wiffenfchaften und überhaupt für die Menfchheit, an den Fortfchritten derfelben thätigen Antheil nehmen, diefe jugendlichen Uebungen mit ihrer fchäzbaren Gegenwart zu beehren, und dadurch der hier ftudierenden Jugend diejenige Belonnng und Aufmunterung zu gewähren, welche, befonders für edle feinfühlende Gemüter, in ftillen Beweifen theilnehmender Achtung und Werthfchäzung oft weit mehr liegt, als in lauten Lobpreifungen ihrer Talente, Kenntniffe und Tugenden. Diefe ftille Belonung und Aufmunterung werden ficherlich auch die Damen der hier in den einfamen klöfterlichen Mauern fich bildenden Jugend gern gewähren. Wir nehmen uns daher die Freiheit, auch Sie zur gefälligen Theilnahme an diefen jugendlichen Bemühungen ehrerbietigft einzuladen, zu welchem Ende befonders am zweiten Tage nicht in fremden Zungen geredet werden foll.

Kurze Schulnachricht.

Ich füge dem im vorigen Michaelis-Programm bekannt gemachten Verzeichnifs der hiefigen Scholaren die Namen derjenigen hinzu, welche unferer Führung feit vorige Michaelis anvertraut worden find:

1) Friedrich Gabriel *Valet*, aus Bukau im Magdeburgifchen, Sohn des dafigen Herrn Cantors, welcher vorher auf der Domfchule zu Magdeburg einen treflichen Grund von Kenntniffen gelegt. *Primaner*.

2) Carl Auguft *Ramdohr*, aus Wefteregeln im Magdeburgifchen, Sohn des Herrn Oberamtmanns zu Hadmersleben, unweit Halberftadt,

ſtadt, welcher ebenfalls vorher auf der Domſchule zu Magdeburg mit Application und Fleiſs ſtudiert hat. *Primaner*. — Beide haben ſich bisher auch bei uns durch anhaltenden Fleiſs, geſezte Denkungsart und Beſcheidenheit der Sitten ausgezeichnet.

3) Heinrich Adolph *Alberti*, aus Kloſter Neuendorf bei Gardelegen in der Altemark, Sohn des dortigen Herrn Predigers. *Unterſecundaner*

4) Carl Wilhelm *Schenck*, aus Magdeburg, Sohn des dortigen Herrn Schleuſen - Inſpectors. *Unterſecundaner*.

5) Chriſtian Gottlieb *Beyſe*, aus Aderſtädt im Halberſtädtſchen, Sohn des dortigen Herrn Cantors. *Unterſecundaner*.

6) Ludwig Samuel Bogislaus *Kühn*, aus Groſs-Wansleben, Sohn des dortigen Herrn Amtsraths. *Obertertianer*,

7) Guſtav Maximilian Ludwig Vniko Graf zu *Münſter* Meinhövel, aus Osnabrück, Sohn Sr. Excellenz des Königlich Däniſchen Herrn Geheimen - Raths zu Königsbrück in der Oberlauſiz. *Obertertianer*.

8) Georg Heinrich Wilhelm *Siemens*, aus Goſslar, Sohn des dortigen Herrn Amtmanns. *Untertertianer*.

9) Friedrich Heinrich *Siemens*, Bruder des vorigen. *Untertertianer*.

10) Auguſt Chriſtoph *Schulenburg*, aus Wörbzig im Anhalt - Cöthenſchen, Sohn des dortigen Herrn Oberamtmanns. *Uutertertianer*.

11) Chriſtian Carl Theodor *Schulenburg*, Bruder des vorigen. *Untertertianer*.

12) Chriſtian Ernſt Ferdinand *Stambke*, aus Rogäz im Magdeburgiſchen, Sohn des dortigen bereits verſtorbenen Herrn Juſtizamtmanns. *Untertertianer*.

13) Auguſt Ludwig *Stambke*, Bruder des vorigen. *Untertertianer*.

14) Ferdinand Heinrich Carl Friedrich von *Rathenow*, aus Pleniz, bei Wuſterhauſen an der Doſſe, Sohn des Herrn Majors beym Prinz Ferdinandſchen Regiment. *Untertertianer*.

15) Wilhelm Otto Carl Ludwig von *Rathenow*, Bruder des vorigen. *Untertertianer*.

Die meiſten von dieſen Novitien haben Fleiſs, Aufmerkſamkeit in den Lehrſtunden, und einen gutartigen Sinn, auch milde und gefällige Sitten gezeigt. Einige zeichnen ſich durch trefliche Anlagen des Verſtandes und Herzens aus, welche ſie auch wol auszubilden die beſte Hoffnung geben. Wir würden uns betrüben, wenn uns dieſe Hoffnung täuſchte. Wir ermanen daher alle mit väterlichem wolmeinenden Sinne, die Abſicht, warum ſie uns anvertraut wurden, ſtets vor Augen zu haben, und die gute Gelegenheit und Zeit zu ihrer Vervollkommung wol zu benutzen, damit einſt die Schulſchrift, welche ihren Abſchied von uns ankündigt, ihnen zu ihrer eigenen und zu ihrer Aeltern Zufriedenheit das beſte Zeugniſs ertheilen könne,